1000万円生活を謳歌する

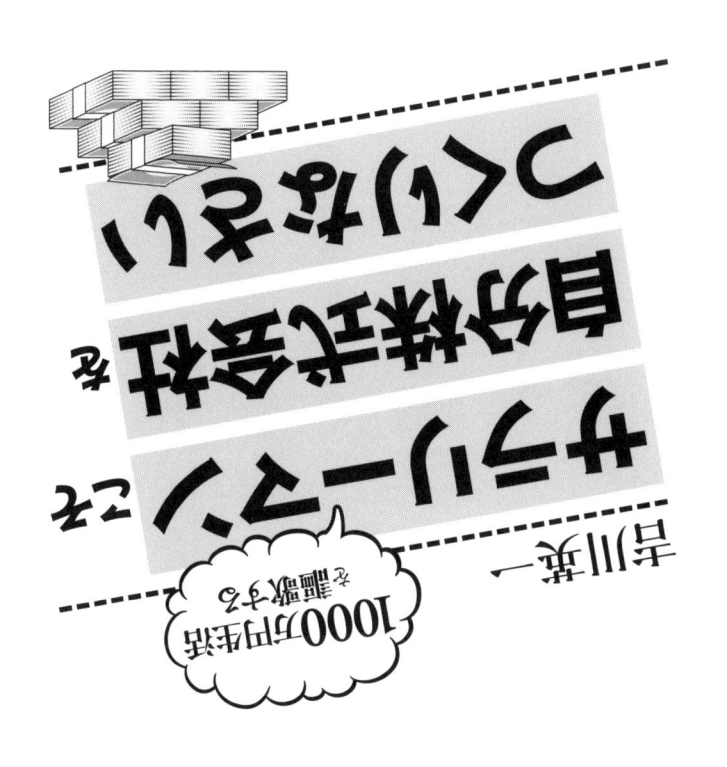

吉川英一

サラリーマンこそ自分株式会社をつくりなさい

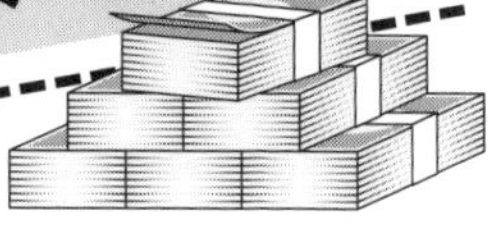

ダイヤモンド社

はじめに

日本経済は、アベノミクスや日本銀行の大胆な金融緩和によって、企業業績が回復するとともに株価も大きく上昇しました。それに伴って賃上げに動く企業も出てきましたが、サラリーマンの年収はいまだに低いままです。国税庁の２０１３年民間給与実態統計調査によれば、サラリーマンの平均年収は４１４万円と、１９９７年のピーク時に比べて53万円も低いのです。

２０１４年４月からは、消費税が８％に改定されました。さらに２０１７年４月には10％になることが決まっています。今年から相続税の基礎控除が大幅に縮小されるとともに、最高税率は55％に引き上げられました。

現在、会社で給与天引きされている厚生年金保険料も、実は毎年０・３５４％ずつ引き上げられていて、２０１７年には負担率が標準報酬月額の18・３％まで上昇します。東日本大震災に伴う復興特別税についても、法人はすでに廃止されましたが、個人は２０３７年まで続きます。個人については今後も増税傾向が続き、唯一サラリーマンの必要経費として認められている給与所得控除額も段階的に引き下げられる予定です。

一方で、安倍晋三首相は世界的に見て高いとされる法人税の実効税率34・62％（標準税率）を今後数年で29％台に引き下げる方針を打ち出しています。法人にも課されていた復興特別税が廃止されたのは先に述べたとおり。**「個人は増税、法人は減税」**の方向はますます顕著になると思います。

徴税する側にとってみれば、源泉徴収制度という自動集金システムがある以上、取りやすいところから取るという方針は当面改められることはないでしょう。

「果たして、このままサラリーマンを続けていて大丈夫なのか？」と、不安を抱えている方も多いと思います。可処分所得はどんどん減少するでしょうし、無事に定年まで働けたとしても満足に暮らせる額の年金がもらえる保証はどこにもありません。

確かにサラリーマンを続けることで、しばらくは安心が担保されます。しかし、いつかは沈みゆく船に最後まで乗っているのも、実は勇気のいることなのです。

ぜひ**サラリーマンをしているいまのうちに、好きなことを始める準備を整えましょう。**

何年も会社で頑張ってきた方は、ある意味、その道のプロです。もし現在の仕事がつまらないのであれば、自分の好きなことや趣味を生かして将来自立することを考えてみてください。資格さえ取れば、すぐに自宅で開業できる士業もあります。

身近な例でいえば、私のまわりには、アパート経営を始めて「自分株式会社」（自分の会社）を設立し、悠々自適な生活をエンジョイしている方が大勢います。いまや株式会社は資本金1円からつくれるのです。課税所得800万円以下や400万円以下の中小企業（資本金1億円以下）には、数々の優遇税制が認められていますし、法人で資産を取得するようにすれば、相続税の心配もいらなくなります。

さらにここだけの話ですが（笑）、「自分株式会社」をつくる最大のメリットは、**自分に役員報酬をたくさん払って法人税をゼロにできる**ことです。役員報酬は会社の経理上損金になります。結果、会社が赤字になって法人税はゼロ、または過去に払った税金が還付されます。社長個人には、役員報酬をたくさんもらった分、所得税がかかりますが、給与所得控除というサラリーマンの必要経費相当分が控除され、残りの部分に所得税が課されます。つまり、会社で一度まるまる損金控除して、さらにそれを個人で受け取って所得控除できるわけですから、いってみれば、「**控除の二重取りシステム**」なのです。この制度こそ、国が公然と認めている最強の錬金術といえます。

国税庁の2012年度分会社標本調査結果によると、全国の法人253万5272社のうち、赤字の法人は177万6253社と70・3%にも及んでいます。法人税の仕組みを知れば、こんなにも赤字企業が多い理由がすぐにうなずけると思います。

それに対して、個人事業主では、単に経費を差し引いた残りに税率をかけて所得税を計算しますので、自分の給料まで損金として差し引くことはできません。これが法人との大きな相違点です。

本書では、サラリーマンが個人で副業を始めて、あえて役員1人だけの自分株式会社をつくり、法人を利用して有利に資産形成と節税を図る方法について書かせていただきました。日本では今後ますます個人への課税が強化されることが予想される以上、個人でも自分株式会社をつくって、来る増税に備えてほしいのです。

いまは一介のサラリーマンであったとしても、実は**サラリーマンこそ社長になる一番の近道**です。ぜひ自分株式会社の代表取締役になって、楽しい社長生活を満喫しながら資産形成と資産保全を図っていってください。

サラリーマンこそ
自分株式会社を
つくりなさい

目次

第1章 サラリーマンだからこそ社長になれる

第2章 会社に頼らない人生を生きよう！

第3章 自分株式会社のつくり方

第4章

個人より法人のほうが節税メリット大

第5章

法人化による デメリット

第6章

自分株式会社成功の方程式

第7章

遊びや趣味を追求すると、売り上げは自然に伸びていく

第8章

小さくても いい会社をつくろう

第1章

サラリーマンだからこそ社長になれる

生え抜きで社長になる確率は恐ろしく低い

これまでは、優秀な大学を出て大手企業に就職できた方は、ある意味、それだけで成功者でした。２０１４年の新卒採用数ランキングによると、１５００人を採用した三菱東京ＵＦＪ銀行が1位で、三井住友銀行が１３００人の採用で2位となっています。難関大学を出た優秀な学生がこぞって入社したことと思いますが、果たしてその中で、将来社長になれる人はいるのでしょうか？

私が長年勤めていた保険会社には、1万２０００人もの社員がいました。現在は合併を繰り返して3万７０００人に増えています。新卒は毎年４００人前後採用しています。果たして、その中で社長になれる人はいるのかと考えると、限りなくゼロに近いと思います。今年は戦後70年になりますが、戦後を振り返っても、私の勤めていた会社の歴代社長はたったの10人しかいません。

この会社、いったん社長になると、平均7年くらい社長の座に居座って、その後は会長職で院政を敷きます。当然、自分のいうことを聞いてくれる都合のいい人物を社長に推しますので、実力だけで社長になれるわけではありません。生え抜きで社長になれる確率はますます低くなってしまいます。

歴代社長の学歴を見ると、東大と慶應、早稲田がほとんどですので、それ以外はまず無理だと思います。

「大企業ではなく中小企業だったら、なんとか社長になる可能性はあるんじゃないの？」と考えている方もいるかもしれません。しかし、日本では、非上場の中小企業はほとんどが創業者一族による同族企業です。創業者一族が代々社長や役員を世襲しています。何も知らない社長のバカ息子がある日突然入社してきたかと思ったら、専務や社長になって偉そうなことをいい出します。これでは、何年も頑張ってきた下の者はたまったものではありません。

上場企業でも社員数が200人程度の小さな会社だったら、社長になれる可能性はもう少し高いでしょうが、上場していても同族企業はたくさんあります。また、小さくても資産をたくさん持っていたり、業績がよかったり、シェアが高かったりすると、簡単に乗っ取られてしまいます。例えば、先日も名証2部のＣＫサンエツが、東証2部の日本伸銅という従業員152名の会社の株式を公開買い付けすることで、連結子会社にすると発表しました。ＣＫサンエツはすでに自社グループ企業から日本伸銅に対して社長と取締役、常勤監査役を派遣しており、日本伸銅は事実上乗っ取られてしまいました。

過去にも、株を買い占められて乗っ取られてしまった例はたくさんあります。上場企業だから安心ということは決してありません。生え抜きで頑張って社長になろうという考えは捨てたほうがいいと思います。

サラリーマンは一生の仕事ではなくなった

就職するにあたって、世間ではいまだに大企業志向ですが、大企業だからといって決して安心できない時代になってしまいました。

日本は戦後、ものづくりで技術を蓄積し、世界を席巻する商品を世に送り出してきました。それが、生産拠点のグローバル化に伴い、人材や技術がすぐに他国のライバル企業に流れてしまいます。

とくに、リーマン・ショック後に実施された大手ハイテク企業の大規模なリストラによって、多くの優秀な技術者や研究者が転職を余儀なくされました。日本には受け皿がなかったため、研究者たちはサムスン電子やLGエレクトロニクスなどの海外ライバル企業に移ってしまいました。韓国、台湾、中国の企業が半導体やソーラーパネル、リチウムイオン電池、テレビ、携帯電話などで軒並みシェアを奪っていったのも、うなずける話です。

2012年2月には、経済産業省が産業活力再生法（産活法）を適用し、日本政策投資銀行が300億円も出資したエルピーダメモリが会社更生法の適用を申請して倒産しました。日立製作所、NEC、三菱電機のDRAM事業を統合して誕生した日の丸半導体企業ということで世間の期待は大きかったのですが、製造業では過去最大の4480億円もの負債を抱えて、あっけなく消滅してしまったのです。

自動車用マイコンで世界トップシェアを誇るルネサスエレクトロニクスは、国内11カ所にある設計・開発拠点を4カ所に集約するリストラを中間決算で発表しました。それと同時に、国内35歳以上の社員1万4000人を対象に1800人に及ぶ早期退職を募集しました。さらに、成果主義に基づく新人事処遇制度も実施しましたので、社員は「行くも地獄、残るも地獄」の選択を迫られることになるでしょう。

サラリーマンという職業が実際に安泰だったのは、バブル期までだと思います。あの頃はどこの会社にも余裕がありました。保険会社時代の先輩が口癖のようにいっていました。「当時は毎日早く帰れたし、適当に仕事を済ませて、午後から海に行って魚釣りをする暇があった……」と。

仕事は増えるけど、給料と人は減る。これがどこの職場でもここ20年間で起きたことです。日本は先進国の中でも人口減少と高齢化がものすごいスピードで進んでいます。お年寄りは、お金を持っていても使いません。消費人口の減少とともに、少子化で労働人口も同時に減少していきます。働いてお金を稼ぐ人が減れば、消費も自ずと縮小してしまうのです。

経済規模が拡大しない以上、パイは小さくなる一方ですので、サラリーマンは今後もつらいだけの職業だと思います。

イヤなことを続けるのは最悪の人生

私はサラリーマンになってからというもの、48歳で会社を辞めるまでずっとイヤなことを我慢しながら仕事を続けてきました。職業選択の自由は誰にでもありますが、自分がやりたい仕事や楽しいと思う職業に就くことができるかどうかはまた別の話です。私は高校、大学と写真が好きで、写真に関係した職業に就きたいと思っていました。本来なら大学の写真学科や専門学校に進んでプロのカメラマンを目指すべきなのでしょうが、家が貧乏だったために、あきらめざるをえませんでした。

田舎に帰って来ると、募集している職種も企業も限られていますから、結果的に食べるために働くことになります。実際、サラリーマンのほとんどの方はそうでしょう。もちろん、「自分は大好きな仕事をしているから、毎日が楽しくてしょうがない」とおっしゃる方も稀《まれ》においでになると思います。そんな方はすごく恵まれたほんの一握りの存在なのです。

先日、就職して4年目になる息子が「もう会社はいやぁー、転職したいー」と泣きを入れてきました。理系だったので、好きな研究を続けられる企業に就職したいということでした。その希望が叶って、現在あるメーカーで産業向け製品の開発を担当しています。「好きな仕事やってるのに、なんで？」と思うのですが、開発した製品が売れすぎて生産が追いつかないため、ここ1年は研究もそっちのけで工場で毎日製品をつくらされているそうです。景気がよくなったことで、アルバイトを募集してもなかなか集まらず、しばらくは工場で自分の開発した製品を生産する日々が続くとのこと。時間外や休日出勤をして開発もこなさないといけないため、悲鳴を上げてきたようです。

一応、「この状態が永遠に続くわけじゃないんだから、しばらく我慢したら？」とアドバイスしたのですが、いまの日本企業はどこに行っても似たり寄ったりだと思います。

たとえ好きな仕事に就いたとしても、1人でこなしきれない量の仕事とプレッシャーを掛けられると、どんなに打たれ強い人間でも精神的に病んでしまいます。とくにイヤな上司の下でイヤな仕事を続けることほど、精神衛生上、体に悪いことはありません。病気にならないうちに逃げるべきだと思います。組織が大きくなればなるほど、意に沿わない配置換えや転勤はサラリーマンの宿命です。

どこで働くか、どんな仕事をするかという自由は、すべての人に与えられていることをもう一度思い出してください。息子には「リタイアしたかったら『不動産投資で人生を変える！　最速でお金持ちになる絶対法則』（紺野健太郎著、ダイヤモンド社）という本を読め！」とメールしておきました。

奴隷労働はもうやめよう！

ここ数年、ブラック企業という言葉がネットやマスコミで氾濫しています。実は、ブラック企業はずいぶん昔から日本企業の中に存在していました。いわゆる過重労働を強いたり、サービス残業が常態化していたり、使い捨てのように社員を解雇したりというのは、少なからず行われていました。

もちろん、時報と同時に工場の全機械が停止して、一斉に従業員がロッカールームに走って行き、「鐘と共に去りぬ……」みたいなうらやましい会社も経験しましたが、そんな会社はいまでは稀だと思います。

日本人は、もともと非常にまじめでおとなしい国民性があります。会社が間違っていることをしていても、会社に雇われて給料をもらっている以上、不正を正そうとすると、自分の身に被害が及ぶことを知っています。ですから、日本を代表するオリンパスや東芝のような上場企業であっても、粉飾決算や不適切な会計処理はなかなか表には出ないのです。

もちろん、社員の中にはたまりかねて、「会社が残業代を支払っていない!」と勇気を振り絞って自ら訴えたり、奥さんたちが労働基準監督署に訴えたりする例は最近多くなってきました。とはいえ、労基署は、張り込みをして退社時刻など事実関係を内偵したとしても、せいぜい企業側に是正指導をする程度です。企業側はすかさず、このようなことがないように今度は年俸制を導入したり裁量労働制にしたりして、時間の縛りをなくし、さらに過酷な労働をさせようとします。結局、残業代はつかないわ、成果は以前にも増して求められるわで、ますます厳しい奴隷労働が待っているのです。

ブラック企業に耐えきれなくなったら、早めに逃げるべきです。我慢して働き続けると、突然くも膜下出血で倒れたり、心筋梗塞《こうそく》や急性心不全で帰らぬ人になりかねません。

仕事が原因と思われる精神疾患も激増していて、どこの職場でもうつ病などで休んでいる社員は多いと思います。うつ病が進行すると、自殺に至るケースもありますので、周囲も注意が必要です。

最近では、過労による自殺も労災認定されるケースが増えてきましたが、自殺や病気になるまで頑張る必要は絶対にありません。人生いつでも逃げていいのです。

英語でも「Ｋａｒｏｓｈｉ」という言葉が浸透しているほど、過労死は先進国の中でも日本特有の現象です。日本社会全体で、死ぬまで働くように追い込んでいるのかもしれません。会社を辞めたいというと、奥さんや子供、両親や義理の親、友人まで含めて相談する人全員が反対するでしょう。それでも、本人がもう無理だといっているわけですから、反対しないほうがいいと思います。

私もサラリーマン時代に5社転職しましたが、そのたびにリセットされて新たな気持ちでチャレンジできました。起業についても同じで、準備さえ整っていれば、いまの日本でいきなり飢え死にすることはほとんどありません。

日本に生まれたことでチャンスはいくらでもある

サラリーマンの年収が減り始めて以降、日本経済の衰退ぶりを嘆くことは多いでしょう。でも、それは、恵まれすぎた日本から出たことがないからだと思います。アジアの新興国に行ってみてください。空港に着いて街を歩いた途端、ストリートチルドレンに囲まれてしまいます。街はゴミだらけ。雨が降ると、道路はぬかるんでひどい状態になります。

日本に帰ってくると、治安のよさ、街やトイレのきれいさにホッとします。一番ホッとするのは、食事のおいしさですが……。

私が住んでいる富山市は人口42万人の地方都市ですが、ここ数年、中国人やフィリピン人、ロシア人、パキスタン人、ブラジル人などの外国人が増えています。彼らにインタビューすると、口を揃えて日本ほどいい国はないと答えます。それは、安全が確保されていることや、どんな宗教にも寛容なこと、生活保護や健康保険制度、教育制度が充実していること、中には電話をすればすぐに警察が飛んできてくれることをあげた人もいました。

彼らが日本に来ている目的は、もちろん稼ぐことです。仕事さえ選ばなければ、昼も夜も仕事にありつくことができ、Wワークが可能だといいます。フィリピンパブで働いている女性は、夜8時から深夜2時まで働いて月40万円ほどになるそうです。さらに日中はスーパーで働いて、昼の仕事で10万円の収入をあげています。

「なんで、昼も夜も働いて、そんなに頑張るの？」と聞くと、フィリピンでは仕事もないし、家族が多いので誰かが出稼ぎで稼がないと、ファミリーが生活できないといいます。夢は日本で自分のお店を持つことと、フィリピンでプール付きの豪邸を建てることだそうです。その夢も、ひとつは昨年叶えてしまいました。警察に風営法の許可申請を出して、保健所で食品衛生法の許可を取り、ついに自分のお店をオープンさせたのです。

昔は自分の店をオープンさせてママになるには、パトロンやスポンサー役のパパがいないと無理だったのですが、いまはスナックや飲食店をオープンさせる場合、すぐに営業できる店が居抜きで借りられます。さらに、バブルの頃は10坪ほどの小さなスナックでも

３００万円前後の権利金が必要でしたが、いまは敷金・礼金なしでそのまま営業できるお店が、10万円以下の家賃で借りられます。

２つ目の夢であるプール付きの豪邸も、５００坪の土地を買って現在建築中だそうですから、日本に働きに来ている外国人にとって、まさにチャンスに恵まれた「黄金の国ジパング」なのだと思います。

最初は個人事業主から始めるほうがいい

せっかくこの世に生まれてきたんですから、チャレンジしない人生ほどつまらないものはありません。何かにチャレンジしている人は、とても生き生きしていますし、魅力的で輝いて見えます。サラリーマンで輝ける人はいいのですが、「毎日がつまらない。できることなら、こんな会社辞めてしまいたい」と思っている方は、頭を切り替えて別のことにチャレンジすることをおすすめします。

アップルの創業者でもあるスティーブ・ジョブズ氏が、米国スタンフォード大学の卒業式で学生たちを前にしていった言葉はあまりにも有名です。

「私は毎朝、鏡に映る自分に問いかけるようにしているのです。もし今日が人生最後の日だとしても、いまからやろうとしていたことをするだろうかと。違うという答えが何日も続くようなら、ちょっと生き方を見直せということです。

自分は間もなく死ぬという認識が重大な決断を下すときに一番役立つのです。なぜなら、永遠の希望やプライド、失敗する不安……これらはほとんどすべて、死の前にはなんの意味もなさなくなるからです。本当に大切なことしか残らない。自分は死ぬのだと思い出すことが敗北する不安にとらわれない最良の方法です。われわれはみんな最初から裸です。自分の心に従わない理由はないのです」

もし、鏡に映った自分に問いかけてみて、何日も「NO!」という答えが続いた方は、サラリーマン以外で収入を得ることを考えてみてください。週末ヒロインもいろクローバーZのように、週末起業からでもかまいません。まずは**好きなことをして収入を得る手段を見つける**ことです。

収入が入るようになってきたら、サラリーマン所得と収入を合算して、白色申告でもいいので**確定申告をしてください**。確定申告の仕組みを覚えるためにも、まずは自分で書くことが大切です。

いきなり会社をつくってしまう方もいますが、会社をつくると、たとえ赤字でも毎年法人住民税など維持費がかかりますし、設立にも登録免許税や定款認証などの費用が必要です。また、就業規則でほかの法人の役員になることを禁止している会社は実際に多いので、サラリーマンの方が会社を設立するときは注意しましょう。会社を設立すると、社長の名前が法務局で閲覧できてしまいますから。

最初は、個人事業主から始めるのが無難だと思います。

サラリーマンの地位を利用して起業の準備

いきなり起業といっても、普通は簡単にはできません。そんな中、サラリーマンとしてこれまでやってきた経験や実績をもとに関連した仕事をするのが比較的成功しやすいといわれています。

私が以前勤めていた会社は保険会社でしたので、営業社員や事故の査定をやっていた社員が会社を辞めて担当していた地域で代理店として独立するパターンはよくありました。私のかつての同期にも代理店として成功している人がいます。同じ保険の仕事をするなら、一国一城の主となって自分で好きなようにやったほうが楽だという考えは一理あると思います。

一方で「辞めたあとまで、いまの会社と関わるのは絶対にイヤだ！」とお考えの方もいるでしょう。そのようなケースでは、自分の好きなことや、思わず夢中になれる趣味で起業したり、新たに資格を取って起業することになると思います。新たなことにチャレンジするのは容易ではありませんが、ちゃんと入念に準備をすれば、そんなに恐れることはないはずです。

サラリーマンを続けながらでも、起業の準備はできます。とりあえず会社にさえ行けば、机やパソコンや電話やファックスはいつでも使える状態になっていますし、広くて快適な冷暖房の効いたオフィスも用意されています。仕事中にほかのことをするわけにはいきませんが、朝早く出勤したり、お昼休みの時間を利用したりして独立起業の準備や資格試験の勉強をすることは可能です。また、電車や車で通勤されている方なら、会社と家を往復する時間を使って、独立の準備や勉強時間に充てるのはすごく有効です。

私が保険会社時代に宅地建物取引主任者（2015年4月から宅地建物取引士に名称が変更されました）試験に合格できたのも、車で通勤しながら宅建のオーディオブックのテキストを毎日聞いていたからです。この資格が取れたことで、いざとなったら将来絶対に独立しようという気持ちが強くなりました。

サラリーマン生活も長くなると、いろいろな方と知り合いになれます。会社でつくってもらった自分の名刺さえ出せば、飛び込みで行ったとしても会ってもらえる可能性は格段に高くなります。毎年いろいろな方の名刺がたまっていくので、**いただいた名刺は独立に備えて業種ごとに分類しておく**のがいいでしょう。私も保険会社時代に知り合った弁護士さんや司法書士さん、不動産鑑定士さん、建築士さんや工務店さん、不動産業者さんなどとはいまだにおつき合いさせていただいています。とくに、士業のみなさんには自分のブレーンとして力を貸してもらうことが必ず出てきます。

サラリーマンをしているうちに自分のブレーンを揃えておくことも起業する際には大切なことなのです。

準備が整ったときにチャンスは向こうからやって来る！

私のまわりには、アパート経営や株式投資でサラリーマンを卒業された方がたくさんいます。ほとんどは私より若く、みなさん会社に縛られず自由に生きたいという明確な目標を持って、努力されてこられた方ばかりです。

現在、日本では高校や大学を卒業したら、なんの迷いもなく、ほとんどがサラリーマンになります。実はさまざまな選択肢があるのですが、とりあえずサラリーマンになってもらえば、その年の就職率が上昇するので、学校としてはいいのです。おそらく会社員や公務員以外の道をすすめる先生はいないのではないでしょうか。収入は少ないけど、まずは安全な道を進んでもらいたいと思うのは、親も学校の先生も同じです。

けれども、もっと違う働き方やお金の儲け方があることに気づいたなら、途中で路線変更してもいいはずです。『金持ち父さん貧乏父さん』（筑摩書房）を書いたロバート・キヨサキ氏は、『金持ち父さんのキャッシュフロー・クワドラント』の中で、働き方には4種類のタイプがあることを説いています。

①従業員
②自営業者
③ビジネスオーナー
④投資家

日本人の圧倒的多数は①に属しています。独立開業されて②の方もいらっしゃると思います。でも、①も②も自分の労働力を提供することで収入を得ていますので、時間に拘束されているという不自由さがあります。

③になると、儲かる仕組みをつくったあとは、それを任せられる人を育てていけば、自分が毎日店に出たり出社しなくても自動的に収入が得られます。④の投資家も、不動産や会社に投資してキャッシャフローや配当という形で収入を得ることができるので、自分が働かなくても済みます。

経済的自由と時間的自由の両方を得たいのであれば、③と④しかないと思います。

これらの4つ働き方の中からどれを選ぶかは、自由な選択です。ただし、いくらなりたくても、①以外は準備が必要になります。

私の周囲では④の投資家を目指す方が圧倒的に多いのですが、それは昨今のサラリーマンによる不動産投資ブームが原因だと思います。**不動産投資をするには、最低でも購入物件の1～2割程度の頭金が必要です。**知り合いの投資家さんは、サラリーマンをしながら土日の休みに朝5時に起きて肉体労働系のアルバイトをして頭金をつくり、新築アパートを建てました。

独立起業に備えて勉強をしながら、コツコツ自己資金を貯めることができれば、そのうちチャンスは向こうからやって来るものです。

まわりに喜びを与え続けるとお金はあとからついてくる

起業すると、頑張って売り上げを上げて、一生懸命働かないと食べていけなくなるという危機感があります。ただし、ここで焦って売り上げ至上主義に陥ってしまうと、失敗する可能性が高いと思います。それでは、どうすればいいのでしょうか？

お客様は、お得感があると、その商品やサービスに対して喜んでお金を払ってくれます。つまり、**与えた商品やサービスの質と量が通常よりもお得感があれば、受け取る報酬は自然に増えていく**のです。お金は、その商売でお客様に与えた喜びや感動の大きさに応じてあとからついてきます。

お客様に満足を与えることができれば、そのお客様がまたリピーターになってくれますし、「いいよ、このお店！」と、新たなお客様を連れてきてくれるものです。

例えば、アパートやマンションを複数所有していると、クロス（壁紙）の張り替えやエアコンの交換がしょっちゅう発生します。そんなとき、クロスを早く安く、しかもきれいに張り替えてくれる業者さんを知っていれば、すごく助かります。早く仕上げて、早く募集開始することができますので、結果的に空室損失も減らすことができます。オーナーとしては大喜びなわけです。

ほかにも、私は不動産業者として任意売買の区分マンションを仕入れ、リフォームして売り出すことがときどきあります。こんなときも、安くていい仕事をしてくれる業者さんにお願いするのはいうまでもありません。リフォーム工事は職人さんの腕の違いが仕上がりに出てきます。販売したあとにクレームばかり来るようでは、仕事にならないばかりか、こちらの信用にも関わります。エアコンの取り付けも、格安ですぐ動いてくれる業者さんにいつもお願いしています。夏の暑い時期に何日も待たされたのでは、たまったものではありませんからね。

人は「かなり得したなぁ～」と思ったときは、なかなか黙っていられないものです。つい私も、友人やほかの不動産投資家さんに「あそこはかなり安いよぉー」としゃべってしまいます。そして、そこから口コミで、顧客の輪がどんどん広がっていくことはよくある話です。

起業を考えたときには、**何で人を喜ばすことができるかをよく考えてみてください**。好きなことは何か？　得意なことは何か？　それが見つかれば、比較的簡単に起業できると思います。

仕事を選ぶときは、会社を選んだときのような間違いを犯さないようにしましょう。年収の高い仕事や流行の仕事ではなく、**自分が時間を忘れて夢中になれる仕事を選ぶ**ことです。これこそが成功の秘訣なのです。

自分株式会社とはどんな会社？

自分株式会社をつくる目的は、自分の好きなことを思う存分やるためです。いままで私たちは常に誰かの指示のもと、監視やチェックをされながら仕事をしてきました。このような働き方は、実はすごく制約を受けます。その結果、大きなストレスにもつながります。企業という組織に属している以上、それは仕方のないことです。

しかし、いったん組織を飛び出して自由な身になると、誰の指図も受けず、自由な発想で好きに仕事をすることができます。実はこのメリットはかなり大きいのです。いままで上司や会議などで握りつぶされていたことが、すべて自分だけの判断で可能になります。イヤな仕事はしなければいいですし、好きな仕事だけやることも可能です。

自分株式会社は、**自分の好きな仕事を自分の好きなペースで独断と偏見でやる**ための最良の器なのです。

もうひとつの目的は**節税**です。もちろん、最初から会社をつくらなくてもいいのですが、売り上げが伸びてくると、個人事業主では節税するにも限界があります。日本の税制は、エリート官僚たちによってがんじがらめにされていますので、**節税効果を突き詰めていくと、遅かれ早かれ自分株式会社をつくらざるをえません**。

なぜ自分株式会社にこだわるのかというと、自分が好き勝手にできるようにするためには、他人を入れないことが大切だからです。いざ独立するとなると、1人では不安なため、仕事のできる気の合う仲間を誘いがちですが、これはかなり高い確率で失敗します。利益を貢献度に応じてどう分けるかというときに、必ず喧嘩になってしまいます。お金の絡むことに他人を巻き込むと、絶対に泥沼の喧嘩になるか、お金を持ち逃げされるかのどちらかです。

自分が好きなようにやるためには、**あえて身内も役員や社員にしない**ほうがいいでしょう。小さな会社の中には、兄弟や親子で役員に名を連ねているところが多いのですが、これもお金が絡むと、身内で骨肉の争いが始まります。自分株式会社では、あえて**役員は自分1人**だけがベストです。

下手に事業を拡大したり、社員を増やそうなんて思わないでください。拡大しようとすると、税金の呪縛から逃れられなくなってしまいます。法人税や法人住民税は収益が上がった翌年に予定納税が大きく増えますから、働けば働くほど税金を納めるために、さらに一生懸命働かないといけなくなってしまいます。そうなってしまっては、国家や役人の思うつぼです（笑）。

自分株式会社は、税金をコントロールしつつ、悠々自適に暮らすために、あえて役員も自分だけがいいのです。

第2章

会社に頼らない人生を生きよう！

何度も転職してわかったことは どんな会社に入っても同じ

サラリーマンが転職する理由はいろいろあると思います。過剰労働に押しつぶされそうになったり、人間関係で悩んだり、意に沿わない配置換えや転勤だったり、安い給料に耐えられなかったり……。

一度、会社や仕事がイヤになると、人間いつまでたっても好きになることはありませんし、仕事をしていても毎日が楽しくありません。その結果、会社に行きたくなくなって、しまいには出勤できなくなってしまいます。

普通はこうなる前に、自分でハローワークに通ったり、転職サイトを検索したりして次の仕事を探すわけですが、親や妻、子供、職場の同僚、友人に「会社を辞めたい」といった途端、猛反対されます。本人の口から「辞めたい」という言葉が出た時点で、もう辞める決心は固いのですから、本当は周囲が反対すべきではありません。まわりに反対されると、本人はますます苦しんでしまい、最悪の場合は病気になってしまいます。

もちろん転職するにあたっては、大企業や中小企業、給料の多い会社、少ない会社、老舗企業やベンチャー企業など、いろいろな会社があります。でも、再び従業員として自分の時間を切り売りして働くわけですから、どんな会社や職種に変わろうが、宮仕えをして収入を得るという立場は変わりません。

給料をもらっている以上、上からの命令には逆らえませんし、意に反した配置転換や転勤も受け入れないといけません。従業員として働くということは、時間的自由と経済的自由と好きなところに住む自由をあきらめる決断をしたのです。最低限の安定と引き換えに、ほとんどの自由を犠牲にして人生の大半を過ごすわけですから、**どんな会社に転職しようが実は大差ありません**。

もちろん、楽な仕事とキツイ仕事、時間どおりに終われる会社と長時間労働の会社、収入格差や福利厚生の差などはありますが、それらはそんなに大きな問題ではありません。何度も転職を繰り返す人は、よい会社やよい職場を求めているのかもしれませんが、そんな会社は結局のところどこにもないのです。

転職を繰り返している方は、自分の心の叫びにもう一度耳を傾けてみてください。きっともうやりたいことが見つかっているのに、実は怖いだけなのかもしれませんよ。そのような方は、安全に起業するにはどうしたらいいか、収入が途絶えないようにするにはどうすればいいかをとことん考えてみてください。きっと答えは見つかると思います。

成果主義に騙されるな

バブル崩壊後、市場が縮小し始めた途端、日本企業はこぞって年功序列を廃止して成果主義を導入しました。もともと公務員は年功序列が定着していましたが、民間企業では給与テーブルが何段階上がるかは成果や働きによって差がつけられていました。新入社員のときは同じ給料ですが、主任や係長になる頃には出来の悪い社員と仕事のできる社員は色分けされ、できる社員はいち早く役職がついて手当や給料も増えます。そういう意味で、日本企業も日本的成果主義を導入していたのです。

ただ、それでは手ぬるいからということで、欧米型成果主義が人件費を削減するための手段として採用されました。もともと会社が儲からなくなってしまったのは、バブルに踊って将来の需要予測を誤ったり、過剰な設備投資をしたり、余剰人員を抱え込んだことが原因です。つまり、経営判断を誤ったわけで、本来なら真っ先に経営者が責任を取らなければいけない話です。

成果主義の名のもとに、ほとんどの企業で人事制度の改定が行われ、一律数十パーセントの年収ダウンと、小さくなったわずかなパイを成果を出した社員に分け与える制度がつくられました。成果主義においては、部下の成果を客観的に評価できる公平な仕組みをつくることが大事なのですが、とにかく人件費を削減することが主目的だったため、上司も部下をどう評価していいのかわかりません。部下もどうして自分の評価が下げられたのかわからず、職場の雰囲気だけが悪くなっていきました。成果を数字だけで表せない仕事も実はたくさんあるのです。

その後、欧米の成果主義は日本にはそぐわないということで、人件費削減の切り札とされたのが、転勤のエリアを限定したエリア選択制度でした。例えばグローバルコースは、いままでどおり辞令1枚で海外も含めて全国どこへでも行かなければいけません。エリアコースは、北海道エリアや東北エリアなど、一定の地域内での異動に限定されています。

さらに転勤のない自分の出身県内だけに勤務地を限定したホームタウンコースというものも設定され、自分で選ぶことができるようになってきています。私がいた会社では、グローバルコースとホームタウンコースの差がとてつもなく大きくて、ホームタウンコースは30％も給料がダウンしました。

サラリーマンというのは、自分でいくら努力しても、自分ではどうにもできないことが多すぎます。会社に人生を翻弄《ほんろう》される前に、脱出する準備だけはしておいたほうがいいと思います。

会社とは倒産するもの

２０１５年１月、航空業界国内第３位のスカイマークが民事再生法の適用を東京地裁に申請し、破綻しました。今回の破綻原因は、エアバス社から６機の大型機Ａ３８０を１９１５億円で購入する契約を２０１１年に結んだことが原因といわれています。

スカイマークは、規制緩和による新規航空会社の1社目として、エイチ・アイ・エスの澤田秀雄会長らの出資で1996年に設立されたのですが、その後、エア・ドゥやソラシドエア、スターフライヤーなどが次々に誕生し、国内路線は競争が激化していきました。さらに追い打ちをかけたのが格安航空会社（LCC）の登場で、スカイマークは厳しさの増す国内線から国際線へ活路を求めたのです。

スカイマークの売り上げ規模は859億円、総資産775億円、過去最高益は77億円程度です。売り上げ規模はANAのわずか20分の1しかありません。そんな会社が、過去最高益の25倍もの投資をいっぺんに行うわけですから、無謀だったといわざるをえません。

会社というものは、営業キャッシュフローがマイナスになると危険な状態に陥ります。どこかからお金を借りてこないと、新規の投資や借入金の返済ができなくなってしまいます。直近の『会社四季報』でスカイマークの営業キャッシュフローを見ると、3億円しかありません。本業での利益がほとんど出ていないことがわかります。

実は、私自身もサラリーマン人生の中で倒産を経験しています。転職3社目のコンサルティング会社に勤務していた際に、給料の支払いが少しずつ遅れるようになり、そのうち半分しか出なくなり、ボーナスも出なくなって、しまいには倒産してしまいました。取引していた業者さんからの矢のような支払督促に毎日謝るのも、なかなか疲れるものです。また、公務員なら絶対にリストラなんかありえないとお思いでしょうが、北海道夕張市のような例が今後起こらないとも限りません。政府の借金は膨大に膨れ上がっています。地方自治体においても、人口が減少する中で、基礎的財政収支（プライマリーバランス）が悪化しており、夕張市のようになる可能性も皆無ではありません。

２００６年に破綻した夕張市では、２６９人の市職員（消防職員を除く）を２００９年度までに１３４人、２０１０年度には１０３人と半分以下に減らすことや、職員給与を平均30％カットすることなどで人件費を大幅に抑制しました。たとえ公務員であっても安心できない時代になったのです。

派遣とフリーターの行きつく先はホームレス

総務省が発表した２０１４年11月の労働力調査によると、非正規労働者数が前年同月比で48万人増加して2012万人に達したとのことです。雇用者全体に占める非正規労働者の割合は38％にも達しています。全体の内訳はパートが967万人、アルバイトが414万人、派遣社員が135万人、契約社員が289万人、嘱託が124万人、その他が84万人となっています。

この中で大多数を占めるパートは、主婦を中心に家計を助けるために自主的にパートとして働くケースが多いので、とくに問題はないと思います。嘱託や契約社員については、定年後の高齢者再雇用だったり、正社員登用までの試用期間という意味合いで雇用するケースも多いです。有期契約ではありますが、企業との直接の雇用契約が成立して、賞与が支給されたり、月給制の場合がほとんどなので、派遣に比べると安心感があります。

一方で、派遣やアルバイト（フリーター）は安い賃金で働かされた挙句に、いらなくなったら物のようにポイ捨てされてしまいます。厚生労働省職業安定局の課長が今年1月、人材派遣業界団体の新年会で「これまで派遣労働は期間が来たら使い捨てだったというふうな物扱いだったのが、ようやく人間扱いするような法律になってきたと思う」と発言して、国会でも問題になりました。労働者派遣法改正案は、安倍首相の説明によると、多様な働き方の実現を目指したものだそうです。中身は派遣労働をさらに拡大する内容で、派遣社員をずっと使い続けることができるようになります。労働側からは「一生派遣法案」または「正社員ゼロ法案」といわれています。相変わらず派遣を使う側の企業に有利な内容に変わりありません。

２００８年のリーマン・ショックでは、多くの派遣労働者が派遣切りや雇い止めで仕事を失ってしまいました。企業側にとって、派遣制度は、人件費という固定費を原材料と同じ変動費に換えてしまえる願ってもない制度です。いまはアベノミクスでどこの企業も人手不足ですからいいのですが、景気が冷え込んできたときに、再び雇用調整が一気に進むはずです。そうなったときに個人レベルでいくらもがいても、再就職は困難です。しばらくは失業保険で食いつなぐことはできても、再びネットカフェ難民や派遣村が全国に出現する可能性は高いでしょう。

そうならないためにも、行政がセーフティネットを準備しておく必要があるのですが、いまのままでは生活保護やホームレスであふれる可能性があります。もちろん、本人が派遣社員から抜け出す努力をすることが一番必要ではありますが……。

公務員だってあるブラック企業の意味

ブラック企業とは、職場環境が劣悪なために、従業員が精神的にも肉体的にも耐えられなくなって辞めていく企業をいいます。実は、**公務員であってもブラックな職場はたくさんある**のです。

霞が関の官庁街は24時間営業のコンビニと変わらないほど深夜になっても電気が消えません。以前、官僚のタクシー代が問題になったことがありましたが、そもそも終電に乗れない時点で、かなりのブラック企業といわざるをえません。予算委員会や国会会期中はいつどんな仕事をいいつけられるかわからないし、政治家に便利屋のように使われるので、エリート官僚といえどもストレスの多い職場だと思います。

都道府県や市町村の職員でも、予算編成の時期や議会が始まると、似たような状況になります。また、市民の安全を守る警察官もかなりのブラック企業といえます。とくに捜査部門で働いている刑事さんは休みがほとんど取れません。24時間勤務明けの非番の日は、普通、家に帰って寝ると思いますが、事件が発生した場合は、非番の日もそのまま連続勤務が当たり前です。

もっとひどいのは捜査部門の管理職です。捜査一課長あたりは、何が起きるかわかりませんので、土日も必ず出勤していますし、年中無休は当たり前。警察官は、家族での宿泊旅行も届け出をして許可をもらわないといけませんし、どこにいても非常招集がかかれば、いち早く駆けつけなければなりません。携帯の電源は絶対に切ることはできないのです。

ある警察幹部の方は20年以上奥さんと旅行にすら行ったことがないとのこと。県外に住む親戚の葬儀に出席するために1泊で行ったのが唯一最近の宿泊旅行だということでした。

公務員の中では、学校の先生も長時間労働かつサービス残業が当たり前の職種です。「生徒が帰ったらあとは暇なんじゃないの?」と思うのですが、とんでもありません。授業の準備以外に、テストの採点や研究授業、研修、会議、学級崩壊対策、モンスターペアレンツ対応などで大変なのに、いままで自宅に持ち帰ってやっていた成績や通知表をつける作業が個人情報保護法ができたせいでできなくなりました。自宅のパソコンで休日や夜間に成績をつけていたら、ネット上に流出してしまったなんて事件が過去に起きています。

おかげで、どこの学校も夜9時になっても不夜城のように電気がついています。最近どこの学校でも、うつ病で休んでいる先生が増えてきています。

人生は常に二股をかけろ！

日本人は生命保険に入っていない人はいないくらい、病気やけがで働けなくなったときのことを心配しています。その一方で、会社が倒産したり、リストラされたりして仕事がなくなったときのことはあまり考えていません。雇用保険があるし、なんとかなるだろうと思っているのでしょうが、雇用保険の基本手当の給付日数は、離職理由、年齢、被保険者であった期間などによって違います。一般の離職者の場合、20年以上被保険者期間があったとしても150日分しか支給されません。支給額は離職日の直前の6カ月の賃金日額（賞与等は含まず）の50～80％です。

雇用保険はあくまでも一時的に急場をしのぐ制度でしかありません。

学校を卒業して働き始めたら、将来万が一のとき、自分は何をして食べていけるのかを考えてほしいと思います。人生はいろいろな予期せぬことが起きるものです。私は20代の頃、新卒で入った会社を1カ月で退職し、その後しばらくパチプロ生活をしていた時期がありました。当時、パチンコで年収400万円は稼いでいましたので、最悪の場合はこれで食べていけると思っていました。

そのうち、パチプロという職業（?）に自分でもなんとなく後ろめたさがあったことや隣近所に格好悪いので、ハローワーク通いをして薬品会社の工場労働者として働き始めました。

30歳で、当時、日本で2番目に大きな損害保険会社に転職した際にも、将来、自分が会社を辞めたときに困らないように、宅地建物取引士資格試験の勉強を始めました。宅建は実務経験も必要ないですし、四者択一のペーパー試験だけですので、国家資格の中でも取りやすいと考えたのです。さすがに1回では無理でしたが、本気で勉強したら、次の年は合格しました。

このとき取った宅建の資格が私の現在の仕事の決め手になり、生涯続けることのできるライフワークになりました。いきなり独立開業は無理だとお思いでしょうが、不動産業界では仕事を覚えたらすぐ独立する傾向にあります。ですから、不動産業界は慢性的に取引士不足です。ハローワークに行ってみれば、すぐに宅地建物取引士の求人が見つかるはずです。しかもほとんどの企業が、取引士には資格手当を支給していますし、給料も比較的高い傾向にあります。

人生いつ何が起きるかわかりません。たとえ公務員や安定した企業にお勤めでも、**人生は常に二股をかけておいたほうがいい**と思います。

起業のリスクは軽減された

安倍首相が2013年の9月25日、ニューヨーク証券取引所でスピーチした際に「日本をアメリカのようにベンチャー精神あふれる起業大国にする」と発言しました。いままでわが国の開業率がアメリカやヨーロッパ諸国と比べて2分の1から3分の1の割合にとどまっていたのは、起業後の収入や生活が不安定なことが挙げられます。

もうひとつ大きな阻害要因は、個人保証の問題でした。開業時や事業の運転資金を借りるときには、個人保証や個人財産を担保提供することが多かったのです。不幸にして事業に失敗すると、個人の住宅も差し押さえられて競売にかけられてしまいます。住むところもなくなり、最悪の場合は夜逃げするケースがあとを絶ちませんでした。

身近でこのような事例を見てしまうと、さすがに怖くて商売なんかできません。どんなに大変でも、仕事がある以上、雇われていたほうが楽という考えになってしまいます。

このような状況を改善すべく、日本商工会議所と全国銀行協会を事務局とする「経営者保証に関するガイドライン研究会」が取りまとめた「経営者保証に関するガイドライン」の適用が、２０１４年2月1日から開始されました。その内容は、次のとおりです。

①法人と個人が明確に分離されている場合などに、経営者の個人保証を求めないこと。
②多額の個人保証を行っていても、早期に事業再生や廃業を決断した際に一定の生活費等（従来の自由財産99万円に加え、年齢等に応じて１００万～３６０万円）を残すことや、「華美でない」自宅に住み続けられることなどを検討すること。
③保証債務の履行時に返済しきれない債務残額は原則として免除すること。

これらを定めることにより、経営者保証の弊害を解消し、経営者による思い切った事業展開や、早期事業再生等を応援しようというものです。第三者保証人についても、②③については経営者本人と同様の取り扱いとなります。

このガイドラインは法律ではありませんので、すべての融資でこのような扱いになるわけではありません。ただし、このような方向性が示されたということは、起業家にとってのリスク軽減につながると思います。日本政策金融公庫では、すでにいち早く保証人なしでの融資を取り扱っています。

まずはこれまでの洗脳を解くことから始めよう！

日本で起業家が育たない原因は、学校教育にあると思います。幼稚園や学校でずっと教え込まれてきたのは、集団や組織の一員として適応できる能力でした。授業中は全員が席に座って先生の話を聞き、集会や運動会では先生の号令に従って一糸乱れぬ行動を取ります。中学校の部活動でも、先輩の命令は絶対で、逆らうことはありえません。いまでも警察や消防や自衛隊がそうであるように、物心ついてから大人になるまでよき組織人としていかに振る舞うかに重点を置いた教育しか受けていないのです。

日本の義務教育制度は開国して間もなく明治政府によって整えられましたが、目的は欧米のような産業の近代化と強い軍隊を持つことでした。つまり文句をいわず命令に従い、忠実に働いてくれる人材を育成することが教育の目的だったわけです。それが戦前、戦後と受け継がれ、現在でも中身はほとんど変わっていないと思います。

就職するとき、いまだに体育会系の学生がもてはやされるのは、社会適応能力が高いことと打たれ強いからです。企業にとっては、ひどい仕事や職場でも文句もいわず、黙々と働いてくれる人材であれば、それでいいのです。私たちは、どんなにひどい会社や組織でも我慢して働くことが幸せなんだと教えられました。毎日仕事があるだけで幸せだと思っている方もたくさんいるはずです。

やりたいことだけをやって生きることは、日本ではわがままであり、不道徳なこととしてとらえる傾向がありますが、実はこの考え方こそが、人を不幸にしているのです。**生活**

のために、嫌いな仕事や自分の気持ちを偽って生きなければならないというルールはどこにもありません。好きなことを仕事にしている人たちと付き合うと、みなさん本当に生き生きしています。明るくてエネルギッシュなので、お会いするたびにこちらまで元気をもらえるのです。

23歳から65歳で定年を迎えるまで、毎朝早起きして満員電車に揺られ、くだらない会議に出て、バカな上司に媚《こび》を売る生活を40年も健康で続けられる人ならいいのですが、もう限界という方はそろそろ自分で社長になる道を考えるのがいいと思います。まずは、先生や親から長年受けてきた「使われているのが一番楽」という洗脳を解く必要があります。そのためにも、ぜひ隣の起業家や隣の億万長者と友達になってください。

開業資金を貯める努力を続けよう！

起業に踏み切れない理由として一番大きいのは、収入が減少することや、それに伴って生活が不安定になることです。次に大きいのは、事業に失敗したときの負債の返済や個人保証の問題です。

サラリーマンが安全に起業するには、**店舗を持たずに自宅で開業できるビジネスを選ぶ**ことだと思います。パソコンと電話があればできる商売がベストです。そうすれば、固定費は最小限に抑えられますし、なにより家族と過ごす時間も増えます。

起業するにあたっては、最初から借り入れに頼らないほうがいいでしょう。当然、開業するからには十分な自己資金を貯める努力を怠らないでください。たとえ商売がうまくいかなくても、1年くらいは食べていける資金を用意すべきです。もしご結婚されていて家族もいるということであれば、なおさらです。サラリーマンを続けながら、現在の給料から4分の1程度を天引きで貯金していくのが一番確実な方法だといえます。仮に住宅ローンのない方でしたら、ボーナスもまるまる貯金できるはずです。

私のまわりでサラリーマンを続けながら安全に独立起業された方のほとんどが、いわゆる不動産賃貸業（大家さん）です。彼らを見ていると、成功するために最も大切なことは**十分な自己資金を貯めること**だとわかります。自己資金さえあれば、またとない高利回りの物件が出てきたときに、いち早く買付を入れることができますし、銀行融資が通る可能性も高くなります。結果として、自己資金を貯めるのがうまい人は、どんどんよい物件を取得していけます。

「普通にサラリーマンを続けながら、自己資金を貯めては物件を買う！」を続けていけば、そんなにガツガツしなくても5年程度でサラリーマンを卒業して、自分株式会社の社長になれます。

私はサラリーマンを続けてお金持ちになったという人をこれまで見たことがありません。自分が生み出した労働の対価の一部を常に会社にピンハネされ、もらった給料袋に国や都道府県や市町村が本人よりも先に手を突っ込んで税金や社会保険料を巻き上げていくのです。一生この仕組みで働いていたら、お金持ちになれるはずがありません。

独立して起業すれば、いきなり狩猟採集生活や農耕生活をするようなリスクがつきまといますが、拘束されてイヤなことをさせられるという苦痛から解放されて、自由を得ることができます。そのためにも、まず**自分の給料の一部をコツコツ貯金して種銭をつくる**ことができなければ、何も始まりません。銀行もお金を貸すときに一番見たいのは、その人がいかに真面目に努力してお金を貯めたかというところなのです。

第3章

自分株式会社のつくり方

法人化の時期はいつがいいのか？

個人と法人のどちらがメリットがあるのかは大変悩ましい問題です。実際には売り上げ規模や課税所得金額によって判断することになります。具体的にシミュレーションしてみるのが一番なので、設立前に税理士さんに相談されることをおすすめします。

税金の上限がどれくらいになるか見てみましょう。

ちなみに個人の場合は、ザックリいうと、課税所得金額に応じて所得税率は段階的に上がっていき（5～45％）、課税所得金額ベースで1800万円を超えて4000万円までになると、所得税率が40％にも達します。4000万円を超えてくると、所得税率は45％です。ほかに住民税10％と、多くの事業では事業税5％が加わります。復興特別所得税2．1％もかかります。

資本金1億円以下の中小法人の場合は、800万円以下で15％、800万円を超えた分

個人と法人では税率がこんなに違う

個人の場合

課税される所得金額	税率	控除額
195万円以下	5%	0円
195万円を超え　330万円以下	10%	97,500円
330万円を超え　695万円以下	20%	427,500円
695万円を超え　900万円以下	23%	636,000円
900万円を超え　1,800万円以下	33%	1,536,000円
1,800万円を超え　4,000万円以下	40%	2,796,000円
4,000万円超	45%	4,796,000円

**収入が増えるたびにドンドン上がっていき、
税率は最高で45%にもなる！**

法人の場合（資本金1億円以下）

年800万円以下の部分	15%
年800万円超の部分	23.9%

どんなに儲けても、税率は23.9%で頭打ち

（注）数値は2015年度のもの。

は23・9％の法人税になります。また、標準的に見ると、住民税と事業税でおよそ14％相当の課税があります（これらは2015年度の数値）。

一般的には、課税所得金額ベースで400万円を超えると法人化したほうがメリットが大きいと思いますが、消費税のことも考えると、**課税所得金額で400万円、売り上げで1000万円をひとつの判断基準にしたらいい**のではないでしょうか。

サラリーマンをやりながら起業した場合、会社からもらっている給料と副業から入る収入を合算することになります。そうすると、一時的に税金が増えて、これは大変だということになるでしょう。でも、そこで慌てて会社を辞めて法人をつくるのは得策ではありません。

会社勤めを辞めた時点で、サラリーマン収入の部分がごっそり消えてなくなるからです。退職した時点で個人事業分の収入だけになりますので、所得税や住民税は再び低くなります。そこから頑張って税率20〜23％を超えるのが見えてきた時点で、法人を設立するのがベストではないかと思います。

最低資本金制度が撤廃されたことで、いきなり会社を設立する方もいます。とはいえ、法人には諸々の費用がかかります。株式会社設立には、少なくとも登録免許税や定款認証費用などで25万円ほどの設立費用が必要です。たとえ会社が赤字でも、法人住民税の均等割分7万円は納付する義務があります。税理士事務所と契約して決算書作成や申告手続きなどを任せた場合は、少なくとも20万〜30万円はかかると思います。

個人のときは安かった国民年金や国民健康保険の保険料も、法人を設立すると、厚生年金と協会けんぽに切り替わって、法人負担分と本人が負担する分の両方が法人と個人の財布から出ていくことになります。サラリーマンのときは会社負担分は関係ないですが、自分株式会社を立ち上げた場合は、会社負担分も自分が支払っているのと同じです。

よほど売り上げや利益が安定していないとデメリットのほうが多く、法人は単なるお荷物になりかねません。個人事業主としてある程度実績を積んでから設立するくらいがちょうどいいでしょう。

法人はいったん設立すると、簡単に解散や清算もできません。中小企業総合事業団「小規模企業経営者の引退に関する実態調査」によると、従業員0人の会社でも廃業するのに50万円以上かかっているケースが4割以上もあります。法人設立は個人事業主として売り上げや利益が十分に安定してからでも決して遅くはないのです。

社会的信用を考えれば株式会社が一番

会社法で規定されている会社形態には「株式会社」「合同会社」「合名会社」「合資会社」の4種類があります。何が違うのかというと、**設立に要する費用がかなり違います**。株式会社は定款認証費用が5万円必要なのに対し、ほかは電子定款による認証の場合ゼロ円です。設立登記にかかる登録免許税も違います。株式会社は15万円ですが、ほかは6万円で済みます。

会社の実印や銀行印などの費用を1万円と見込むと、株式会社は25万円、ほかの会社形態の場合は最低11万円必要になります。

2番目の大きな違いは、**株式会社の場合、決算公告が必要です**。毎期ごとの決算内容を国が発行している「官報」に公表しなければならず、その際にも費用がかかります。合同会社や合名会社、合資会社は決算公告の必要はありません。また、株式会社の場合、社長の任期は最長10年と決められていて、改選をしなければいけませんが、ほかの会社形態の場合はとくに制約はありません。

そのほかにも細かな違いはあるのですが、仕事で名刺を渡されたとき、株式会社以外の合同会社や合名会社などの名刺をいただく機会はほとんどないと思います。例えば、建売住宅を購入するために、家族で見に行くとします。ハッピーホームという会社が、カッコいい住宅のチラシを新聞に入れていました。正式な会社名が次のどれだったら、見に行こうと思うでしょうか？

「株式会社ハッピーホーム」
「合同会社ハッピーホーム」
「合名会社ハッピーホーム」
「合資会社ハッピーホーム」

おそらく株式会社以外は聞き慣れないため、「どんな会社なんだろう？　規模は？　評判は？　信用は？　買ったあと、つぶれたらどうしよう？」と、いろいろな心配がよぎると思います。つまり、**株式会社はイメージのよさや社会的信用度が圧倒的に高い**のです。

ハローワークに求人広告を出した場合を考えても、株式会社でしたら広く一般的に認知されていますので、不安は起こりませんが、合同会社や合名会社となっていたら、まずはその意味を調べて、その違いをわかった上でないと応募できないといった人も出てくると思います。そういったことを考えると、株式会社設立には費用もかかりますが、絶対にそれ以上のメリットがあるのです。

資本金はいくら必要か？

会社を設立するにあたって悩ましいのが、資本金の額をいくらにするかです。2006年5月1日から施行された新会社法では、いままで1000万円必要だった資本金が1円でも設立可能になりました。資本金の枠がなくなった理由は、インターネットを利用した起業が可能になり、創業するにあたって多額の資金を用意する必要がなくなったからです。自宅にパソコン1台あれば、会社運営はできるのです。

それでは、資本金はどれだけあればいいでしょうか。

融資を申し込む際は、当然、会社の資本金もチェックされます。法務局で商業登記簿謄本を取れば、誰でも資本金の額を確認できます。初めて取引をする際に、相手が会社規模を確認することは容易に推測できます。もし、資本金100万円に満たなかったら、一般的な印象はどうでしょうか。会社設立の際の本気度を疑われかねません。資本金が少なすぎると、売り上げや営業利益が伸びない場合、すぐに債務超過に陥ってしまいます。これではスタート時点から銀行の信用を失ってしまいます。

もし心配であれば、取引銀行に相談されることをおすすめします。私が会社を設立した際も、取引銀行の支店長さんに相談しました。**設立から半年程度の運転資金を目安に資本金の額を設定する**のがいいと思います。

逆に、お金に余裕があるからといって、1000万円を超える資本金をいきなり出資するのは得策ではありません。法人住民税の均等割が1000万円以下は2万円ですが、1000万円を超えると、5万円と高くなります。さらに資本金1000万円未満の会社は設立後1期目と2期目の消費税免除が適用されますが、1000万円以上にしてしまうと、その適用がなくなります。**張り切って資本金を出しすぎるのも問題がある**のです。

過去において、有限会社の最低資本金は300万円からと決められていました。なんらかの事業を始めようと思ったら、そのくらいは必要だということです。自分株式会社は、当面、社員は自分だけですし、事務所も自宅で十分でしょう。開業費が必要最小限に抑えられますので、**せいぜい100万円も用意すればいい**と思います。資本金は、会社が倒産してしまったら返ってこないお金です。万が一、事業がうまくいかずにつぶれたとしても、あきらめのつく金額にしておくべきでしょう。

株主は誰にするのが一番得なのか？

株式会社を設立したときに誰を株主にすればいいのかは、会社設立の目的によって違ってきます。

俗に「会社は株主のもの」といわれますが、自分が好きなように経営権を握って会社のオーナーになりたければ、全株式の50％を超える株数を個人で持てばいいわけです。株式会社では、所有する株式数に応じて議決権が与えられますので、半数を超える株数を所有すれば、株主総会で自分の意見を通すことができます。さらに3分の2（66・6％）を超える議決権を確保しておけば、定款変更、資本金の増加や減少、会社の解散など重要事項も自分の思い通りになります。

ということで、会社設立にあたっては、社長本人が全部または半分以上を出資するケースが多いのですが、事業承継や相続という観点から考えると、話はまったく違ってきます。

例えば、会社設立の際、５万円の株を20株発行して資本金１００万円でスタートしたとします。その後、売り上げも順調に伸びて、会社の純資産が増えてきました。10年後に自分は引退して子供に事業を承継しようと思い、税理士事務所で1株当たりの価格を算出してもらいました。そうしたら、なんと1株50万円だといわれたのです。自分の会社の株の価値が10年経過して10倍になったのはとてもうれしいのですが、子供に50万円×20株＝１０００万円ものお金を出させるわけにはいきません。そこで、毎年１１０万円以内の金額で子供に株を暦年贈与していくことになります（ただし、毎年同じ時期に同じ金額を贈与した場合は、定期金贈与契約とみなされて課税される可能性がありますので、税理士など専門家のアドバイスが必要です）。

一生懸命真面目に働いて会社の資産が増えていくと、社長の持ち株を評価したらすごい金額になっていたという例はよくあります。株式は個人の相続財産になりますので、うっかりしていると、最高55％の相続税がかかってきます。個人企業では、これを支払うために個人財産の家や土地やアパートを売らなければならなくなった……なんてことになりかねません。

そもそも自分株式会社を設立する目的は、単純に自分に支払う役員報酬を会社経費で支払って、個人で受け取った際に給与所得控除を利用して節税することですので、**最初から相続財産になるような株は社長個人が持たないほうがいい**と思います。一方で、**お子さんへの事業承継を考えている場合は、初めからお子さんを株主にして設立する**のがいいでしょう。

会社の後継者である相続人または受遺者が、経済産業大臣の認定を受けて、相続または遺贈で非上場会社の株式を取得し、その会社を経営していく場合には、経営承継相続人が納付すべき相続税のうち、その非上場株式等にかかる課税価格の80％に対応する相続税を猶予できる制度があります。ただし、「計画的承継に係る取組に関して経済産業大臣の確認を受けていること」や細かな諸条件を満たす必要があるため、少し面倒です。そう考えると、最初から子供を株主にしておけば、株の相続問題は当分発生しません。

定款のつくり方

会社設立にあたって、まず決めなければならないのは社名です。

社名は定款の最初に「**商号**」として記載します。会社を長く続けていくつもりなら、十分に考えて決めたほうがいいと思います。業種や販売しているものをイメージしやすいように、株式会社○○自動車販売とか株式会社○○住宅というつけ方もありますし、逆にどんな業種か気づかれないように命名するケースもあります。いずれにしても、途中で簡単に変更できるものではないため、よく考えてつけてください。

定款の中で最も重要なのは「**目的**」です。どんな事業を営むのかをあらかじめ届け出るのですが、この目的として届け出たことしか基本的にはできません。ですから、自分が将来やりたいと思っている業務や、ひょっとすると関連業務としてやるかもしれないということは列挙しておいたほうがいいのです。

定款のフォーマットや記載例は法務省のホームページにアップされていますので、それを参考にしつつ、実際には、自分がやろうとしている同業者の商業登記簿謄本を参考にするのが一番わかりやすいでしょう。

私は、会社設立した当初、すでに個人事業主としていろいろなことをやっていましたので、それをそのまま書き並べ、そのほかに不動産業者として将来やるかもしれないと思うことを付け加えました。結果的に、かなり欲張りな「目的」になってしまいました。参考までに紹介させていただくと、次のとおりです。

①不動産の管理・仲介及びリフォームに関する業務
②不動産の清掃業務
③宅地造成販売業務
④書籍・CD・DVDの制作及び販売

⑤セミナーの企画・運営
⑥投資コンサルタント業務
⑦損害保険・生命保険の代理業務
⑧住宅・アパート・マンションの新築及び販売
⑨前各号に付帯する一切の業務

この中で③の宅地造成販売はまだ行っていませんが、切り売りできる土地があれば、多分実施すると思います。⑦の損害保険・生命保険の代理業務は手数料の割に業務が煩雑なので、多分やらないと思います。

定款作成でほかに注意したい点は、**株式の譲渡制限を設けておく**ことです。こうしておけば勝手に他人に株式が渡ることは防げますし、取締役の任期を最長10年まで延長できます。これら定款作成に関しては、自分でもできますが、不安な場合は行政書士さんや司法書士さんに相談するのがいいでしょう。

税理士さんとは準備段階から打ち合わせ

法人にしたほうがいいかどうかは、実際に税理士さんと打ち合わせをして、具体的に節税効果をシミュレーションしてみましょう。自分株式会社を設立する最大のメリットは、役員報酬を自分に支払い、それを経費として落とすこと、そして個人が受け取った給料を給与所得控除を利用して圧縮することにあります。

会社が支払う税金は、利益に対して次の計算式で課税されます。

収益－経費＝利益

利益×税率＝税金

すべてこの計算式で計算しますので、税金をできるだけ低く抑えるには、利益を出さないようにすればいいことになります。先ほどから役員報酬は経費にできると述べていますが、経費とは経営に必要な「費用」のことで、自分株式会社で利益を圧縮するには、次の費用を増やす方法が考えられます。

①自分に役員報酬をたくさん支払う。
②固定資産を購入して減価償却費を増やす。
③リフォームや修繕をこまめに行う。
④決算時に債務が確定していれば、未払い費用として計上する。
⑤取引先との接待交際費を増やす。

①は会社からお金が出ていきますが、給料という形で自分の懐に入ってきます。②は経費として計上するものの、会社から実際にお金が出ていくわけではありません。そのほかのものは、すべて実際にお金が会社から出ていきますので、税金を極力少なくして、かつ会社または社長個人にお金が残るシステムを構築しないと、会社をつくる意味がなくなります。

実は、**税理士事務所にも得手不得手があります**。医療法人の税務が得意な税理士事務所もあれば、不動産が得意な税理士事務所もあります。相続税対策や事業承継が得意な税理士もいれば、消費税還付が得意な税理士もいます。そのあたりは自分の同業者にリサーチしたり、銀行や商工会議所などで評判をリサーチしてみるのもいいと思います。

なお、税理士報酬や顧問料については、事務所ごとにかなりの開きがありますので、事前に見積もりを取ることをおすすめします。

法人の決算期は個人の申告時期に合わせるのがいい

世の中のほとんどの企業が3月決算を採用しています。これは、役所の新年度に合わせたほうが何かと都合がいいという理由からでしょう。3月末は卒業や退職の時期ですし、4月は入社シーズンということで、日本では4月が「新年度」というのが定着しています。

もうひとつは、3月末に決算を集中させることによって、同じ時期に株主総会を実施し、総会屋の参加を妨害するという意味合いもあったようです。コンプライアンスの強化などもあって、いまでは総会屋も商売として成り立たなくなったようですが……。

設立に際して、なるべく繁忙期を避けるほうが無難です。また、法人税や消費税の納入を考えると、資金が枯渇するような時期も避けなければいけません。決算日後2カ月以内に決算書を作成して法人税の納税をしないといけませんので、税理士事務所が暇な時期に決算期を設定するというのもありかと思います。

私の場合は、あえて個人の事業年度と同じように1月1日～12月31日にしました。なぜこのようにしたかというと、次のような理由からです。

仮に10月1日に法人を設立した場合、個人の所得を9月30日でいったん締めて、それまでの既経過分を確定申告しなければなりません。10月1日に法人設立したあとは、会社から役員報酬をもらうのですが、私の場合は個人所有のアパートがそのままでした。そのため、また10月1日～12月31日分の確定申告を個人で行う必要があります。個人の確定申告も税理士さんにお願いしていましたので、さすがに1年に2回もお金を払って確定申告するのはつらいものがあったのです。

ということで、年末の忙しい時期に、東京の司法書士さんにお願いして会社を設立してもらいました。なぜ富山の会社なのに東京の司法書士さんなのか疑問に思われた方も多いと思います。単純に「会社設立　格安」とグーグルで検索して、出てきた司法書士さんにお願いしました。報酬は3万円だったと思います。

以上のような理由で、私の設立した会社は、個人と同じように1月1日〜12月31日を事業年度にしました。毎年、年末年始に個人の分もいろいろ資料を揃えて1月末に持っていくようにしています。**決算時期が同じだと、いっぺんに確定申告が済んでしまいますので、すごく楽**なのです。

開業年度の決算が変則決算で3カ月とか6カ月という短い期間になると、一定の要件を満たす新設法人は、せっかく消費税が2期免除される制度があるにもかかわらず、十分な恩恵を受けられなくなってしまいます。このあたりの特典を受けるためにも、資本金は1000万円未満にすることをおすすめします。

監査役設置会社にするといい

個人事業主が法人成りする主な目的は節税ですから、まずは自分が代表取締役になって自分に役員報酬を支払い、法人の利益をゼロまたは若干の赤字程度にできれば、目的は一応達成されます。でも、好きな仕事を楽しくやっていると、すぐに売り上げが増えて利益も増えてきます。そうすると、さらなる節税の手段を考えることになります。

株式会社の取締役は年齢制限が設けられていませんので、未成年者でも原則として取締役になることができます。ただし、私は**節税だけの目的で妻や子供を自分株式会社の役員にまですることには反対**です。役員になるということは、会社の経営に関与して相応の業務をこなす必要があり、自分が好きで始めたことに口出しされる可能性も出てきます。まして や、家族で同じ会社で同じ仕事をするのは、それなりにリスクがあります。売り上げが上がらなくなって業績が低迷したときには、自分以外の家族にも迷惑がかかってしまうからです。**自分株式会社は、後継者がいないときに、いつでも会社を畳める規模にしておくのがいいと思います。**

節税を図るシステムを考えた場合、**会社を設立する際に定款で監査役設置会社にする**ことをおすすめします。監査役であれば、いちいち経営にまで直接口出しされる心配はありません。会社設立時に、定款に監査役を設置することと監査役の人数や任期を盛り込んでおけば、自分の高校生や大学生の子供を監査役にして給料を支払うこともできます。もちろん、毎月、月次精算表を作成し、実際にそれを見てもらい、監査報告書を作成してもらうわけですから、それなりに簿記の知識は必要になります。

私の会社では、２人の子供たちに大学時代に簿記を学ばせて、順番に監査役をやってもらいました。会社の内容を見せることによって、「父親の会社が儲かっていないから、自分たちが将来に備えて頑張って勉強しよう！」と思ってくれたかどうかは定かではありませんが……。

取締役も監査役も原則15歳以上（取締役会設置会社の取締役就任の際には、印鑑証明書の添付が不要なため、15歳未満の未成年者でも取締役になることが可能です。取締役会「非」設置会社の取締役就任の際には、印鑑証明書の添付が必要なため、15歳以上の未成年者でなければ取締役になることができません）の未成年者を任用することは法律上問題ありませんが、取締役は高い経営能力やその手腕を買われて会社から抜擢《ばってき》され、継続して業務執行の意思決定をする立場にあります。単に節税目的のために取締役に名を連ねているだけで、取締役としての業務をなんらしていないケースでは、税務調査が入った場合に指摘されるはずです。

役員報酬に見合うだけの仕事をして、会社の利益にもそれ相応の貢献が期待できない限りは、自分の妻や子供を節税目的で役員に据えることは避けなければなりません。

自宅を事務所にするメリット

会社を設立する際に、会社の住所をどこにするのかはかなり重要です。人は住所から会社のイメージを勝手に想像してしまうことがあるからです。

例えば、建築事務所の方から名刺をいただいたとき、住所が南青山だったら田舎者の私は「さぞオシャレな事務所で仕事をしているのだろうなぁ」と勝手に思い込んでしまいます。さらに、その会社の設計している建物まで「さぞかし洗練されたオシャレな建物を建てているんだろうなぁ」と、一種の崇拝にも近い感情を抱くかもしれません。

私が初めて本を出版した新風舎という会社の事務所が南青山にありました。どうしても自分が書いたものを本として出版したかったため、この出版社と契約して120万円もの費用を支払って自費出版しました。運よく3刷まで増刷になったものの、その後、その会社が倒産してしまいました。まさかこんなすごいところに事務所を構えている会社が簡単につぶれてしまうとは思ってもいませんでした。

昔から、地方の会社がわざわざ本社を東京に移すケースはよくあります。会社が大きくなってきて対外的なイメージの改善が売り上げにつながるなら、イメージのよい街に事務所を借りるのもありだと思います。しかし、たかが「代表取締役」兼「事務員」兼「雑役係」の**自分株式会社は自宅事務所で十分**です。ミエを張って形から入る人もいますが、事務所ビルを借りたり、ワンルームマンションの一室を借りると、毎月相当の出費になります。さらに、新たに電話を引いたり、プロバイダー契約をしたり、什器備品を揃えたりしなければなりません。水道光熱費、事務所までの交通費や通勤時間などを考えると、無駄なことが多すぎます。

自宅であれば、事務所として使用している部分の水道光熱費、電話代やプロバイダー料金、場合によってはNHKの受信料なども、使用割合に応じて事務所経費にすることができます。毎朝通勤ラッシュの時間に電車に揺られて出勤するのはかなりエネルギーがいることです。

また、忙しいときには時間を気にせず仕事ができるのも、自宅のメリットです。応接セットやパソコン、プリンターも現在あるものをそのまま使うことができます。すべてにおいて**開業費用や事務所経費を節約できますので、その分利益を出しやすい体質でスタートが切れます**。

会社の規模にもよりますが、事務所を借りたり、人を雇った途端に儲からなくなったと、みなさん口を揃えておっしゃいます。自分株式会社の事務所は、とりあえず自宅で十分だと思います。

自分株式会社に社員はいらない

大きく発展する可能性があるビジネスを目指すなら別ですが、とりあえず自分の好きなことで独立起業を目指すなら、**社員は雇わないほうがいい**でしょう。そもそも他人を雇う場合、1人雇っただけでも5000万円もの長期固定負債を抱えるようなものです。毎月の給料や年2回のボーナス、健康保険や厚生年金、雇用保険などの会社負担分も含めると、年間500万円程度の人件費が発生します。

そもそも社長1人しかいない会社に、優秀な人材が来てくれるはずがありません。人を雇う場合は、給料の2~3倍を稼いでくれる社員じゃないと、会社にとってはお荷物にすぎません。

日本では、いったん雇用契約を結ぶと、よほど悪いことでもしない限り、解雇することはできません。一度雇ったら、本人がイヤといわない限り、10年くらいは給料を払い続けることになります。そう考えると、５０００万円×10年＝５０００万円の固定負債という考えは、あながち間違いではないのです。

仮に優秀な人材で利益をたくさん稼いでくれたとしても、できる社員ほど自分でやったほうが得だと考えがちです。いろいろ教え込んで、ようやく仕事もバリバリこなせるようになったかと思った途端に、顧客ごとごっそり持ち去って独立してしまいます。

自分株式会社の理想とするところは、あくまでも1人でできる商売です。せっかく会社を辞めて独立するわけですから、あまりあくせく働かない商売がいいと思います。最悪、人手が足りなくてどうしようもないときは、家族に手伝ってもらってアルバイト代を払えばいいのです。

昔は必ず電話番やお茶くみの事務員が必要でしたが、いまは簡単に固定電話から携帯電話に転送することが可能です。私はときどき海外に行くことがありますが、そんな場合でも仕事の電話対応にはまったく困りません。

私は自分株式会社を設立してから、ずっとマイペースで仕事をしています。積極的に仕事を求めて営業に行くわけでもなく、毎日ゆっくり起きて、ゆっくり朝食を食べて、ゆっくり新聞を読んで、日経ＣＮＢＣを見ながら9時からデイトレードをして、ときどき本を書いて、ときどき不動産の販売サイトを見ています。

自分株式会社の**一番いいところは、誰にもじゃまされないで自分のペースで仕事ができるところ**です。社員や事務員が同じ空間にいるだけで、お互いに気を使わないといけませんし、何か聞かれると、返事をしなければなりません。コーヒー1杯入れるにしても、自分のタイミングで飲みたいときに好きなように好きな銘柄をドリップして飲むのが最高においしいのです。

パソコンと電話とファックスでできる商売を選ぶ

独立起業を目指すなら、**パソコンと電話とファックスがあれば、とりあえず仕事ができる商売を選ぶ**のが基本です。大量に仕入れが必要だったり、在庫を持たないとできないような商売をやると、失敗する確率が高くなります。先に現金が必要で、それをしばらく寝かしておいた挙句に、売れた場合でも代金がなかなか回収できないような商売は最悪です。手元にお金がない状態が慢性化している業態は、すぐに資金繰りに行き詰まって倒産してしまいます。

個人が1人でできて現金回収が早い「**フィービジネス**」が一番成功しやすいです。ただし、そんな商売は資格がいりますから、誰もが簡単に開業できるわけではありません。弁護士や公認会計士、税理士は、資格の勉強にも開業にも相当の時間と経験が必要ですから、こんな職業はあえて目指さないでください。

それよりも効率がよく簡単に資格が取れて、手数料も売却益も狙えるもので、真っ先に私が思いついたのが**不動産業**でした。

実際に、私がこれまで土地を仲介してもらった業者さんのうち、3社が自宅を事務所にして開業されている方でした。普通に個人の住宅の玄関を入って、和室にカーペットを敷いて応接セットとデスクが置かれていました。宅建業者の事務所なんて、これで十分だと思います。パソコンで重要事項説明書と契約書を作成し、契約当日に読み合わせをして印鑑を押してもらうだけなので、自宅でまったく問題ないのです。

そして、一定額を超える取引の手数料は、（売買代金の3％＋6万円）×1・08と決められています。例えば、5000万円の収益物件を仲介した場合、買主さんだけを紹介したケースでも（5000万円×3％＋6万円）×1・08＝168万4800円もの仲介手数料をいただくことができます。仮に売主側からも依頼を受けていた場合は、売主さんからも同額をいただくことができるので、下手に弁護士事務所を開くよりも高収入を狙えます。

同様に、1人で開業するのに適したフィービジネスとして、役所に提出する許認可申請書類の作成や提出手続きの代理、その他の遺言書や会社設立の際の定款作成業務などを仕事にしている行政書士や、不動産登記や商業登記などを代行する司法書士なども、自宅を事務所にして開業できるフィービジネスに当たります。

簿記3級レベルの事前学習は必要

法人化すると、社長は会社から給料が支給されますので、個人事業主のときとは違って、会社のお金と生活費がきちんと分離されます。

個人のときは、事業で入ってくるお金も生活費もごっちゃになっているケースが多いのですが、会社となると、そんなわけにはいきません。きちんと仕訳をし、複式簿記で帳簿をつけなければなりません。源泉徴収や社会保険料の計算も出てきますし、決算書を作成して税務申告までするとなると、経理や税務の専門知識が必要になります。こんな面倒なことまで自分ですべてやっていたら、やりたい仕事ができなくなってしまいます。

個人の青色申告までは、なんとか頑張ってやったほうがいいと思いますが、法人を設立したら、少なくとも**決算書の作成や税務申告は税理士事務所に任せたほうがいい**でしょう。入力項目がそんなに多くないため、会計ソフトを使って自分でやっている方もいますが、私は会社を設立した時点で入力もすべて税理士事務所に丸投げしました。パソコンに向かって毎日細かい入力をするよりも、仕事に時間を振り向けたほうがよっぽど儲かります。全部丸投げしてお願いしても、現在のところ年間20万円程度の費用で収まっています。

もちろん、独立起業を目指す方であれば、世の中の常識として**簿記3級程度の事前学習はしておいてほしい**ものです。自分で商売を始めるのに帳簿もつけられない、どうして赤字なのかもわからないといったようでは先が思いやられます。まずは個人事業主として開業し、しばらく自分で申告書を作成すると、税務知識が身につきます。

私たちは学生時代に世の中に出てまったく役に立たない勉強を山ほどさせられますが、簿記の勉強こそ中学校や高校で教えてほしかったと思います。

わけのわからない微分や積分、ましてや因数分解なんか、学校を出てから使っている人はどれだけいるのでしょうか。それよりも簿記を教えてもらったほうが、よほど有益です。会社の経理や総務で働くこともできますし、企業の決算書のどの数字を見ればいいかくらいはわかるようになります。

私は減価償却という制度を知ったときに、この制度を利用すれば、どんどんお金持ちになれると直感しました。お金が実際に出ていかないのに、経費として損金処理できるなんてありえません。

この仕組みがあるから、減価償却相当額が手元に残り、お金持ちはどんどんお金持ちになっていけるのです。

サラリーマン時代に得た知識や経験がものをいう

独立開業したときに一番頼りになるのは、サラリーマン時代に身につけた知識や経験です。そういう意味では、いろいろな職業を経験しておいたほうが実は役に立ちます。

私は高校時代の夏休みに土建屋のアルバイトをしました。バックホー（油圧ショベル）で荒掘りしたあと、ツルハシとスコップで道路を掘削して型枠を組んで、現場打ちコンクリートを流し込み、側溝をつくります。夏の暑い時期に大変な作業でしたが、実は、栗石を敷き詰めて目つぶし砂利を入れ、捨てコンクリートを打つ、こうした作業は、住宅建築の基礎工事でも一緒です。

さらに、大学時代に大工の棟梁《とうりょう》について木造住宅の現場を3棟経験しました。この経験で住宅がどうやって造られているのかを学ぶことができました。

その後、3年間、再開発事業のコンサルタント会社で商業ビルの事業計画や収支計画について勉強する機会を得ました。このとき、RC建築の現場も経験することができたのはとてもラッキーだったと思います。多分、会社が3年で倒産しなければ、私はずっと再開発事業のコンサルタントとして、この会社で働いていたと思います。運悪く（?）か運よくかはわかりませんが、倒産したため、その後、保険会社に転職しました。

保険会社には18年間もいたため、私の現在の知識はほとんど保険会社で身についたといっても、まんざらウソではありません。

ずっと保険会社で自動車保険を除く火災・新種保険という分野の損害査定を担当していたため、火災現場やマンションの漏水事故現場へは毎日のように出かけていました。そこで修理範囲を確認し、自分で見積もりを作成したり、あるいは業者さんから提出された見積もりをチェックするのが仕事でした。

現在、不動産業者として開業していますが、一戸建住宅の建築やアパート建築などに役立っているのはもちろん、中古マンションを買い取る際にどの程度のリフォーム費用がかかるかを算出するのにもとても役立っています。

いまどんな仕事をされていたとしても、いざ独立開業となれば、**必ずサラリーマン時代にやってきたことが役に立つ**はずです。

ですから、たとえ転職を考えていたとしても、現在やっている仕事をおろそかにしないでください。あのスティーブ・ジョブズ氏が美しい文字（フォント）のマッキントッシュを開発できたのも、一見無関係な10年も前に学んだカリグラフィーとコンピュータという点と点を結びつけることができたからだといっています。

独立起業には、過去の点と点を結びつけることが大切だと思います。

第4章

個人より法人のほうが節税メリット大

個人は増税、法人は減税の政府方針を利用する

自民・公明両党の税制調査会は、国と地方に収める法人税の実効税率を２０１５年度と２０１６年度の２年間で３・29％引き下げることを決定しました。２０１５年度で２・51％下げて32・11％とし、２０１６年度で０・78％下げて31・33％にします。政府は法人税の実効税率に関して２０１５年度から数年で20％台とする方針を示していますので、２０１７年度には30％を切って29％台に突入するはずです。

これに対して、安倍首相のブレーンでもある浜田宏一氏がイギリスや韓国並みの20％台前半まで下げるくらいじゃないとダメだと発言しています。

２０１５年４月14日の日本経済新聞電子版では、「安倍晋三首相の経済政策の助言役を務める浜田宏一内閣官房参与は13日、現在は30％台の法人実効税率を『（20％台前半の）英国や韓国よりも下げるというジェスチャーが必要』と話した。引き下げにかける期間は３年

間程度とした」と報じています。

そもそも、法人税を下げる目的は、世界で2番目に高い法人の実効税率を引き下げて、日本国内に海外からの投資を呼び込もうということですから、隣国である韓国並みの24%程度にしなければ意味がないということです。

これに対して、個人は給与所得控除が縮小されます。相続税の基礎控除も縮小されて、いままで50%だった最高税率も55%に引き上げられました。法人ではすでに廃止された復興特別税については、復興特別所得税が２０３７年まで、住民税は２０２３年まで課税されます。ほかにも個人は社会保険料が毎年０・３５４%ずつ引き上げられています。気づかないうちに、真綿で首を絞めるような政策が実施されているのです。

源泉徴収されていると、苦しくなっていることにはなかなか気づきません。このままサラリーマンを続けたり、個人事業主のままでいると、「ゆでガエル」と同じになってしまいます。鍋がぬるま湯のうちに早く外に飛び出さないと、手遅れになってしまうのです。

株式市場の格言に「国策には逆らうな！」というのがありますが、**政府方針には逆らわず、むしろ積極的に利用できるものは利用すべき**だと思います。

税率の違いを見れば、法人のほうが有利

個人と法人のどちらが有利かを検討するために、双方の税率についてもう一度整理してみましょう。

個人事業主にかかる税金は、所得税と住民税、事業税です。所得税は、所得が増加するに従って税率がどんどん上昇していきます。いろいろな経費を差し引いて課税所得金額ベースで1800万円を超えた分には40%の所得税がかかります。さらに、住民税10%、事業税5%も支払わなければなりません。

ただし、控除もありますので、1800万円を超えた分の実際の税率（実効税率）は52・5%程度になります。実は、所得税の最高税率はこれまで40%だったのですが、2015年度から改正されて4000万円超は45%に課税強化されています。

これに対して、資本金1000万円以下の法人の場合は、法人税、住民税、事業税を合

わせて所得が８００万円を超える部分の実効税率は35％程度になります。

単純に**税率だけを比較してみても、法人のほうが低い**のは明らかです。これまで日本国内の税率が海外に比べてあまりにも高いために、本社をシンガポールなど税金の安い国に移すケースがありましたが、実効税率が将来的に20％台にまで下がるのであれば、節税目的でわざわざ海外に法人をつくったり、本社を移転することもなくなるはずです。

個人も法人も負担税率が30％を超えると、極端に重税感が強まります。個人でいえば、所得税20％と住民税10％を超えると、税金ばかり払っている感覚に陥ります。法人の場合も、前期に法人税納付額が20万円を超えると、その翌年は中間申告と納付が必要になります。個人の予定納税と一緒で、税金ばかり払っている感覚になってしまいます。

節税目的で自分株式会社をつくった場合、どのあたりを目指すのかはそれぞれの事情によって違うでしょうが、まずは自分に役員報酬を払って、法人の利益をほとんどゼロにすることを目指すべきだと思います。そのうち売り上げが伸びて利益も増えてくれば、次の節目である税引き前利益４００万円以内に収まるようにするのがいいと思います（中小企業の場合、所得金額が４００万円以下、４００万円超～８００万円以下、８００万円超で税負担率が変わってくるからです）。

実は、法人で利益をうまく調整するといっても、簡単にできるわけではありません。今年は利益がかなり出そうだからといって、期の途中で役員報酬を多く払うことはできません。年1回決まった時期に改定しないと、役員報酬の一部は損金として認められません。

通常は決算が終わったあと、2カ月以内に開催される定時株主総会のタイミングで改定することが多いです。このときに、新年度の売り上げや利益予想を的確に予想できれば、うまく調整できるのですが、実際にはそんなにうまくいきません。

会社から給料をもらうメリット

自分株式会社を設立して、自分に役員報酬という形で給料を支払うと、個人経営のときに比べて明らかに節税になります。例えば、個人経営で収益2000万円、経費を差し引いた額が800万円の方が会社を設立した場合、どの程度の節税になるのか、大まかにシミュレーションしてみましょう。

【個人事業主】

収益……２０００万円

経費……１２００万円

利益……２０００万円－１２００万円＝８００万円

利益８００万円に対する税率は23％です。計算上は、利益８００万円に23％の税率をかけ、63万６０００円を控除した金額になります。復興特別税２・１％も加えると、１２２・９万円が納める税金になります。８００万円の利益から１２２・９万円の納税となると、コンパクトカー１台が買える額ですから、かなりの負担感があると思います。

そこで、自分株式会社を設立して、あなたが代表取締役になって役員報酬として利益相当分の８００万円をまるまる給料としてもらった場合を考えてみましょう。

【自分株式会社】

収益……２０００万円

経費……1200万円＋800万円（役員報酬）
利益……0円

給料として800万円もらった分が個人の給与所得となりますが、サラリーマンの必要経費である給与所得控除が収入金額（総支給額）×10％＋120万円もありますので、実際には課税所得金額は600万円になり、復興特別税と合わせておよそ78・9万円が納める税金となります。個人事業主が自分株式会社をつくっただけで、122・9万円－78・9万円＝44万円も節税効果があります。

ただし、法人税はゼロでも、法人住民税の均等割分が、資本金1000万円以下、従業員50人以下の会社の場合、年額7万円かかります。ほかにも法人の帳簿つけや源泉徴収、決算書作成等を税理士さんに依頼する必要がありますので、その分の費用が20万円程度発生すると思います。

法人をつくるタイミングを急ぐ必要はまったくありません。収益と利益が安定してきて、増加する経費を吸収して十分な利益が出るようになってからでいいと思います。

消費税の納税が2年間免除される

法人を設立するメリットとして、新規に設立した法人の資本金が1000万円未満の場合、**最初の2年間は消費税の納税が免除されます**。

個人も法人も基準期間（2期前）における課税売上高が1000万円を超えると、消費税を納めないといけないのですが、設立1期目、2期目であれば売上高がたとえ1億円であろうとも免税扱いとなります。3期目以降については、1期目の課税売上高が年換算で1000万円を超えていれば、3期目から課税事業者になります。ただし、1000万円までであれば原則として免税事業者となりますので、お客様から受け取った消費税は納めなくてもよくなります。

2014年4月から消費税が8%にアップしましたので、それに伴っていったん預かる消費税もかなりの額になります。お客様から預かった消費税が2年間も自分のものになると思うと、このメリットはかなり大きいといえます。

この消費税2年間免除については個人で開業した場合も同様に適用されますので、2年間、個人事業主として営業して、その後、法人化すれば**トータルで4年間の消費税が免除されます**。最初から法人化するのではなく、優遇税制を知ったうえで、それらを使い倒すくらいでないと、お金は残らないと思います。

消費税に関しては、どんな業種でも免税業者になったほうがいいかというと、そうでもありません。そもそも消費税の仕組みは、預かった消費税（課税売上高に対する消費税）から支払った消費税（仕入れ等に要した消費税）を差し引いた額を税務署に納税するというものです。お客様から預かった消費税より仕入れ等に要した消費税のほうが多ければ、還付を受けることができます。例えば、会社設立当初、売り上げより仕入れや経費のほうが多くなったり、多額の設備投資や減価償却資産を取得したときなどでは、仕入れ等の税額のほうが多くなるケースがあります。ほかにも、輸出業者のように国内での仕入れ分には消費税がかかりますが、輸出される物品資産は消費税免除のため、仕入れの際に支払った消費税が戻ってくる例があります。

このように還付が見込まれるケースでは、売り上げが1000万円以下であっても、開業初年度の課税期間開始の前日までに「消費税課税事業者選択届出書」を税務署に提出し、あえて課税事業者になって、原則課税方式で消費税を計算して申告することが必要です。

以前、アパート・マンションを取得する際に盛んに行われた消費税還付ですが、現在、住宅物件はそれ自体から得られる賃料が非課税のため、課税売上割合（総売上高に占める課税売上高の割合）が95％以上である場合を除いて、還付にチャレンジするメリットがなくなりました。店舗や事務所用の場合は賃料が課税売上となりますので、還付してもらうことができます。

法人は欠損金を9年も繰り越し可能

個人でも青色申告をしていると、3年間赤字を繰り越すことができます。白色申告の場合は、残念ながら欠損を繰り越すことはできません。

例えば、1年目に赤字100万円、2年目も赤字100万円、3年目も赤字100万円となった場合、赤字の繰越総額はマイナス300万円となります。4年目に300万円の黒字が出たとしても、300万円（4年目の黒字）－300万円（3年間の繰越総額）＝0円となります。

法人の場合は、この繰越対象期間が9年もあるわけです。つまり極端な話、毎年100万円の赤字が9年間続いて、10年目に黒字が900万円出たとしても、繰り越した9年分の欠損金900万円と10年目の黒字900万円を相殺して、法人税は0円になります。

この繰越欠損控除は、法人が不動産を売却する際に、すごく有効に活用できます。

個人で不動産を売却して利益が出た場合は、2004年度以降、ほかの所得と損益通算ができなくなりました。たとえ赤字があっても相殺できなくなったのです。個人はほかの所得と分離して課税されますので、譲渡所得に対してまともに課税されます。

譲渡した年の1月1日を基準にして所有期間が5年以内に売却すると、短期譲渡になり、税率は39％です。譲渡した年の1月1日において所有期間が5年を超えて売却すると、長期譲渡扱いとなりますが、それでも20％の税金が発生します。さらに、ここでも復興特別所得税がかかります。

一方、法人の場合は、不動産の売却益が発生しても、ほかの所得と合算できます。大幅な赤字が発生した年に不動産を売却して利益と相殺したり、繰越欠損がたまった頃を見計らって譲渡益の出る不動産を売却すれば、個人よりかなり有利に節税しながら不動産を処分することができるのです。

この繰越欠損金については、2015年度税制改正大綱で繰越期間が9年から10年に延長されることが決まりました。資本金1億円以下の中小法人や個人企業に赤字企業が圧倒的に多いにもかかわらず、さらに**繰越期間が1年延長されました**ので、サラリーマンや個人事業主の人は、なぜ法人ばかり有利な制度になっているのか到底納得できないと思います。でも、どれだけ起業しやすい制度をつくったり、税制面で優遇したとしても、残念ながら日本では起業したり、法人を設立する人がまだまだ少ないのが現実なのです。

自分に退職金を支払って節税

法人では、役員賞与は原則として損金として認められませんが、退職金は損金となります。退職金は、在籍年数が長く会社の中で重要ポストに就いている人ほど、高い金額を支払うことができます。つまり、自分株式会社では、**社長である自分が一番多くの退職金を受け取ることができる**のです。

実際に退職金を支払う場合、同業同規模企業の支給実績などを参考にしながら、役員退職金規定に基づいて算出するわけですが、役員退職金にも世間相場がありますので、それを超える分は過大な退職金だとみなされて損金にできなくなるケースもあります。

では、代表取締役である自分にいくらぐらいの退職金を支給することができるのでしょうか。一般的に退職金は次の計算式で算出できます。

役員の最終報酬月額×役員就任年数（通算）**×功績倍率**

例えば報酬月額100万円で勤続年数10年、功績倍率3倍の場合は、100万円×10年×3＝3000万円が退職金となります。功績倍率に関しては、納税者と税務署で争った判例がたくさんありますが、3倍程度という判例が多いようです。代表取締役であれば、3倍程度は問題ないと思います。

この退職金を使った節税スキームは、不動産を売却して大きな利益が出たときや、保険金などを受領して特別利益が発生した際に、利益と相殺するのに有効だと思います。ただし、退職金は何度も支払えないという欠点があります。そこで登場するのが、退職金を2回支払うために、降格に伴う退職金の支払いを行うというやり方です。常勤役員から非常勤役員になった場合や、取締役から監査役になった場合など、役職変更後の報酬が概ね50％以上減っており、実際に経営権を委譲した事実がはっきりしていれば、退職金を支払うことができます。

一方で、退職金を受領する側にとって、退職金は、長い間頑張ってきた結果のご褒美ですし、大切な老後資金という性格もあります。退職金にまで多額の税金をかけられたら、たまったものじゃありません。そこで退職所得に対しては、退職所得控除を差し引いて、その半分に課税するというゆるい仕組みになっています。計算式は、次のとおりです。

退職所得＝（退職金－退職所得控除額）×1／2

控除額は、勤続年数20年以下で40万円×勤続年数（80万円未満の場合は80万円）、勤続年数

退職所得控除額の計算方法

勤続年数	退職所得控除額
20年以下	40万円×勤続年数 （80万円に満たない場合は、80万円）
20年超	800万円＋70万円×（勤続年数－20年）

（注1）障害者になったことが直接の原因で退職した場合の退職所得控除額は、上記の方法により計算した額に100万円を加えた金額となる。
（注2）前年以前に退職所得を受け取ったことがあるとき、または同一年中に2カ所以上から退職金を受け取るときなどは、控除額の計算が異なることがある。

20年超で70万円×（勤続年数－20年）＋800万円となっています（「退職所得の受給に関する申告書」を提出している場合）。例えば先ほどの社長のように、勤続年数10年で3000万円の退職金が支給された場合、退職所得は（3000万円－40万円×10年）×1／2＝1300万円。この退職所得に対して、67ページに添付した所得税の税額表で算出した税額が源泉徴収されて支給されます。

所得税額＝1300万円×33％－153・6万円＝275・4万円（これに復興特別所得税2・1％も加わります）。

3000万円もの退職金をもらって

も、納める税金は1割にも満たないわけですから、退職金に対する税金はかなり優遇されているといえます。

死亡退職金と弔慰金を支払って節税

自分に退職金を支払って節税する方法を書きましたが、退職金にはもうひとつ「**死亡退職金**」というものがあります。被相続人が同族会社の経営者の場合は、死亡退職金と弔慰金の非課税枠を使って、相続税と法人税を節税する方法があります。

まず、亡くなった本人が掛けていた生命保険を法定相続人が受け取った場合に、どのような非課税枠があるかを確認しておきたいと思います。

相続税の対象となる死亡保険金とは、被相続人の死亡によって取得した生命保険金や損害保険金で、その保険料の全部または一部を本人が負担していたケースが対象になります。この死亡保険金の受取人が相続人（相続を放棄した人や相続権を失った人は含まれません）である場合、すべての相続人が受け取った保険金の合計額が次の計算式で計算した非課税限度額を超えるとき、その超過部分が相続税の課税対象になります。

非課税限度額＝５００万円×法定相続人の数

なお、相続人以外の人が取得した死亡保険金には非課税の適用はありません。

会社が支給する死亡退職金にも、同様に法定相続人１人に対して５００万円の非課税枠があります。例えば、社長が亡くなったと仮定して、法定相続人が奥さんとお子さん２人の場合は、５００万円×３人＝１５００万円まで非課税となります。

ここで重要なのは、**個人で掛けていた生命保険の非課税枠と会社が遺族に支払う死亡退職金の非課税枠はそれぞれ別枠で設けられている**ことです。中小企業やいわゆる同族会社の場合や、単に不動産を所有したり管理するための目的で設立した自分株式会社の場合は、事業承継を除いて社長を交代する可能性は低いですから、死亡退職金を支払うケースは実際に多いと思います。

ほかにも、役員が死亡した場合に**弔慰金を支払って節税する**方法があります。退職金の非課税枠とは別に、業務上の死亡のときは死亡当時の給与の3年分に相当する金額、業務以外での死亡では死亡当時の普通給与の半年分程度までは相続税の課税対象になりません。法人がこれらの退職金や弔慰金を相続人に支払った場合は、それが不相当に高額でない限り、法人の損金として認められますので、法人側も大幅な節税になるわけです。

手元資金が潤沢な法人はいいのですが、これらの退職金や慰労金はかなり高額な金額を用意する必要があります。そこで、まさかのときに備えて法人で生命保険を契約し、日頃から退職金支払いの準備をしておくのが望ましいでしょう。もちろん、その際の保険料は保険の種類によって違いますが、全部または一部を損金にすることができます。

生命保険料を経費化し将来満期返戻金で受け取り

個人の場合は、たくさん保険をかけていても合計で12万円の控除しか使えません。

2012年以降に契約した保険では、生命保険4万円、個人年金保険4万円、介護医療保険

4万円が限度です。住民税に関しても、所得控除を受けられるのは7万円までが上限です。

これに対して、法人が契約者となって、役員または従業員を被保険者、受取人を法人として生命保険に加入すれば、**保険料の全部または一部を損金として計上できます**。解約返戻金のない定期保険の場合は、保険料の全額が、返戻金のある定期保険の場合は、保険の内容によってその一部が損金として計上できます。

保険の種類や将来の返戻金の受け取り方によって節税の効果が違ってきますので、法人保険を活用する際は、入り口の損金算入効果を重視しつつ、**出口戦略も考えて選ぶことが大切**です。

保険の解約時に受け取る返戻金は、その全部または一部が雑収入になります。つまり、よく考えて受け取らないと、出口で税金をたくさん納めることになってしまいます。例えば、設備の更新や修繕等で一時的に減価償却や経費が増大するのを見越して解約すれば、返戻金と相殺することができます。

ほかにも、やがてやってくる**高額な社長の退職金を捻出するために、生命保険を利用する方法**があります。社長の退職時に解約することで、返戻金収入を退職金という経費と相殺して、返戻金に税金がかからないようにしています。

利益の出ている会社にとって、生命保険は保険料を支払った分が経費化できる点が最大のメリットです。しかし、保険料全額を経費化したい場合は、原則として掛け捨て型にしなければいけません。万が一の保障だけを買うなら、この掛け捨て型でいいと思います。これに対して、解約返戻金が戻ってくるタイプは、いわゆる積立型の保険です。保険料には保障部分と積立に充当して運用する部分があって、積立部分が解約返戻金や満期返戻金として戻ってきます。

積立型の保険は、法人の利益を保険会社に一時的に積み立てしているようなものです。実際には、資産的な要素が強いにもかかわらず、保険会社にいくら積み立てても、このお金は貸借対照表には記載されません。

つまり、**法人保険を利用して簿外資産を積み上げている**ようなものです。会社が突然の出費で赤字になったり、まとまったお金が必要な際の予備費として、利益の中から少しずつ積立貯金をしておくようなものです。

もちろん、保険なので、元本がすべて保証されているわけではありませんが、積立型の保険は節税と資産形成両方の面を兼ね備えています。

小規模企業共済と中小企業倒産防止共済で節税

常時雇用する従業員数が20人以下（商業・サービス業〈宿泊業、娯楽業を除く〉は5人以下）の個人事業主や会社の役員など向けに、掛け金が課税所得から全額控除される**小規模企業共済**という有利な制度が用意されています。この制度は「退職後の生活の安定や事業の再建を図ることを目的とした資金」を準備するための共済制度で、中小企業基盤整備機構が運営しています。いわば、**経営者のための退職金積み立て制度**だと思ってください。

月額掛け金1000円～7万円まで500円刻みで掛けることができますし、半年払いや年払いでまとめて納付することも可能です。ですから、利益が出たり、所得税が多くなりそうでしたら、年末にまとめて7万円（月額限度額）×12カ月＝84万円まで掛けることができ、払い込んだ掛け金はすべて所得控除を受けることができます。

残念ながら、この制度には、兼業で事業を行っているサラリーマン（雇用契約に基づく給与所得者）や配偶者などの事業専従者（共同経営者としての要件を満たしていれば共同経営者として加入可）は加入できません。ただし、個人事業主または会社の役員で商業登記簿謄本に役員として名前の登記があれば加入できます。

同様に、掛け金が累計８００万円まで損金あるいは必要経費に算入できる**経営セーフティ共済（中小企業倒産防止共済）**も、節税にはもってこいだと思います。1年以上継続して事業を行っている中小企業者や個人事業者であれば加入できます。月額掛け金の上限が２０１１年10月から20万円にアップされたため、年額２４０万円を一度に損金として落とすことができます。急に利益が出そうになったときは、12月や法人の決算年度末にまとめて一括納付できますので、経営セーフティ共済には随分と助けられました。毎年、利益に応じて事前に届け出れば、掛け金を増減することも可能なので、使い勝手はいいと思います。

節税にはいろいろな方法がありますが、まずは小規模企業共済の限度額年間84万円とセーフティ共済の２４０万円の合計３２４万円をフルに使い切って、その上で次の対策を考えるべきでしょう。中古のベンツを買えば実際に大金が出ていきますが、共済であればその分は**外部に積立貯金しているようなもの**です。いざというときに掛け金は戻ってくるので、お金に余裕があるときに貯金する感覚で掛け金を掛けていくのがいいと思います。

法人は減価償却しなくてもいい？

個人と法人では、減価償却の扱いにも違いがあります。そもそも減価償却は、建物や機械設備など長期間にわたって使用するものを取得したときに用いられる経理処理の方法です。アパートなどの建物を取得した場合、耐用年数が長く、その効用も長期に及ぶため、対価を支払った時点ですべてを一時的な経費にしないで、耐用年数に基づいて毎年少しずつ減価する分を経費化することになっています。

例えば、個人でアパートを取得した場合は、毎年必ず減価償却費を計上しなければなりません。仮に確定申告で大幅な赤字になったとしても、今年は減価償却をやめておこうという具合に勝手にやめることはできないのです。

これに対して**法人の場合は、償却するかどうかは任意**となっています。償却資産すべての減価償却費の計上を取りやめてもいいですし、一部の建物や機械だけを計上してもかまいません。償却しなければ、その分が未償却残高として残りますので、除却や処分したときに、その残高が経費になる仕組みです。

では、どのような会社がこれを利用しているのでしょうか。一般的には、赤字になりそうな会社が黒字決算にするために減価償却を計上しないことがあります。銀行からの借入れがあるために、赤字にしたくないという会社が一部の資産だけ償却するという具合に利用しています。

会社が新規の銀行融資を引き出そうとして、減価償却を全部または一部しか計上していないケースがありますが、そんなことをしたところで、銀行員が審査をする際に真っ先に見るのが税引後利益、減価償却、自己資本比率ですから、あまり意味のないことだと思います。体面だけ繕っても、見る人が見ればすぐにわかります。単に経理担当者や社長が自己満足でやっているのにすぎません。

ほかには、すでに繰越欠損金が9年分もたまっていて、これ以上赤字を積み上げても繰り越しができなくなっているケースです。少しでも繰り越した分を使い切らなければ消えてしまうため、償却をやめて黒字と相殺するメリットはあります。

ただし、そもそも９年間も赤字を繰り越している会社があるとしたら、まず会社の存続意義を疑いたくなりますし、経営者としての社長の信用はガタ落ちなのはいうまでもありません。

このように、法人だけ減価償却は任意になっていますので、これを利用すれば、多少なりとも利益調整はできるといえます。

社長の家は会社で買ってもらう？

事業を始めて軌道に乗ってくると、ほとんどの社長がベンツやＢＭＷなどの高級車を買ってしまいます。高級車を会社で買うのは間違いではありません。税金や自動車保険、車検費用などすべての経費を会社で落とせますし、減価償却も可能だからです。ただし、問題なのは、事業開始当初は会社にお金を残さないといけないのに、目の前にお金が１０００万円ほどできると、それをすぐに車につぎ込んでしまうことです。

いろいろ苦労してようやく手にした大金ですから、夢だった高級車に乗ってみたいという気持ちはわからなくもありませんが、会社が儲かった翌年には必ずビックリするほどの法人税や消費税の納付が待っています。この多額の税金を余裕で納めきってから、利益をどう使うかという話になるのです。少なくとも**ベンツやBMWを会社で買うには、その5倍程度のキャッシュが積み上がっていないといけません**。

自分株式会社をつくって自分に役員報酬をたくさん支払い、節税を何年か続けていると、法人から個人に所得が移転します。すると今度は、高級マンションや社長にふさわしいちょっと贅沢《ぜいたく》な家が欲しくなります。住宅ローン控除の限度額である5000万円の借金をして個人で立派な家を建ててしまうのですが、住宅こそ会社に買ってもらい、役員社宅として社長に貸し出せばいいのです。国税庁のホームページには、役員に社宅を貸したときの賃料基準が次ページのように規定されています。

先日、会社で買った区分マンションをこの基準に当てはめて、いくら家賃をもらえばいいかを算出してみたいと思います。

買った区分マンションは、新幹線富山駅まで徒歩10分の1990年に建築された3LDK（72・38㎡）で、10階建ての9階部分です。役員に貸与する小規模な住宅である場合に該

2　役員に貸与する社宅が小規模な住宅でない場合

役員に貸与する社宅が小規模住宅に該当しない場合には、その社宅が自社所有の社宅か、他から借り受けた住宅等を役員へ貸与しているのかで、賃貸料相当額の算出方法が異なります。

(1) 自社所有の社宅の場合

次の（イ）と（ロ）の合計額の12分の1が賃貸料相当額になります。

（イ）（その年度の建物の固定資産税の課税標準額）× 12%

ただし、建物の耐用年数が30年を超える場合には12%ではなく、10%を乗じます。

（ロ）（その年度の敷地の固定資産税の課税標準額）× 6%

(2) 他から借り受けた住宅等を貸与する場合

会社が家主に支払う家賃の50%の金額と、上記 (1) で算出した賃貸料相当額とのいずれか多い金額が賃貸料相当額になります。

3　給与として課税される範囲

(1) 役員に無償で貸与する場合には、賃貸料相当額が、給与として課税されます。
(2) 役員から賃貸料相当額より低い家賃を受け取っている場合には、賃貸料相当額と受け取っている家賃との差額が給与として課税されます。
(3) 現金で支給される住宅手当や入居者が直接契約している場合の家賃負担は、社宅の貸与とは認められないので、給与として課税されます。

役員に社宅などを貸したとき（2015年4月1日現在法令等）

役員に対して社宅を貸与する場合は、役員から1か月当たり一定額の家賃（以下「賃貸料相当額」といいます）を受け取っていれば、給与として課税されません。

賃貸料相当額は、貸与する社宅の床面積により小規模な住宅とそれ以外の住宅とに分け、次のように計算します。ただし、この社宅が、社会通念上一般に貸与されている社宅と認められないいわゆる豪華社宅である場合は、次の算式の適用はなく、時価（実勢価額）が賃貸料相当額になります。

（注1）小規模な住宅とは、建物の耐用年数が30年以下の場合には床面積が132平方メートル以下である住宅、建物の耐用年数が30年を超える場合には床面積が99平方メートル以下（区分所有の建物は共用部分の床面積をあん分し、専用部分の床面積に加えたところで判定します。）である住宅をいいます。
（注2）いわゆる豪華社宅であるかどうかは、床面積が240平方メートルを超えるもののうち、取得価額、支払賃貸料の額、内外装の状況等各種の要素を総合勘案して判定します。なお、床面積が240平方メートル以下のものについては、原則として、プール等や役員個人のし好を著しく反映した設備等を有するものを除き、次の算式によることとなります。

1　役員に貸与する社宅が小規模な住宅である場合

次の（1）から（3）の合計額が賃貸料相当額になります。

（1）（その年度の建物の固定資産税の課税標準額）× 0.2%
（2）12円×（その建物の総床面積（平方メートル）／3.3平方メートル）
（3）（その年度の敷地の固定資産税の課税標準額）× 0.22%

当しますので、次のような計算になります。

（1）建物の固定資産税課税標準額459万7847円×0・2％＝9196円

（2）12円×建物の総床面積72・38㎡／3・3㎡＝263円

（3）その年度の敷地の固定資産税の課税標準額12万5824円×0・22％＝277円

9196円＋263円＋277円＝9736円という信じられない家賃になってしまいます。

このように、社長自身が家を建てたい場合や借りたい場合でも、会社に買ってもらったり借りてもらったりするのが絶対に得なのです。

第5章

法人化によるデメリット

設立費用と一定の維持費が必要

私が初めてワンルームマンションを買ったのは、1990年のことです。それから、サラリーマンをしながら自分で確定申告を続けてきました。しかもずっと白色申告です。「なんで白色?」と思われる方も多いと思います。白色申告では面倒な帳簿つけがいらないからです。私は面倒くさいことが大嫌いな性格なので、帳簿を記入することだけがイヤで白色申告を18年間も続けてきました。

2001年に12戸の一棟物アパートを買ってから53戸でリタイアするまで、白色申告を続けていました。リタイア後はさすがに青色申告にしましたが、複式簿記で帳簿をつけるのはかなりの労力のため、税理士事務所に依頼しています。2009年に法人を設立しましたので、個人の**青色申告よりも税理士報酬はアップして、法人だけで年間20万円程度の費用が発生**しています。

法人の維持費として、法人税はゼロでも、資本金1000万円以下で従業員50人以下の会社の場合、**法人住民税の均等割分が年額7万円**かかります。法人としては存続しているものの、まったく営業活動を休止しているという会社もあります。そのようなケースでも決算書の作成と法人税の申告は毎年必要です。法人住民税の均等割分については各自治体の判断に委ねられていますので、全額課税する自治体や半額課税する自治体もあるようですが、実質「休眠会社」状態でまったく活動を行っていなければ、本来、非課税にすべきだと思います。

法人の設立費用については、第3章でも説明したように、株式会社の場合は**登記費用や定款認証、印鑑など含めると最低25万円程度の費用**が必要です。最初はサラリーマンを続けながら副業で起業するケースが多いと思いますので、どうしてもサラリーマン収入と副業収入が合算となり、税金が増えてきます。すると、すぐに「大変だぁ！」となって、慌てて税理士事務所に相談に駆け込む方が多いのですが、慌てて法人をつくる必要はありません。

いずれ専業でやるわけですから、会社を辞めた途端に収入は半分程度に減ってしまいます。サラリーマン収入がないものとしてシミュレーションしてみて、それでも課税所得金額で400万円を超えてくるのが確実になったら、いよいよ法人化を検討すべきだと思います。

接待交際費の損金算入が制限される

個人事業主のときは、取引業者と打ち合わせをしたり、お客様と食事をしたりした場合、領収書をもらっておけば全額「交際費」として必要経費に算入できます。個人であれば、接待交際費に上限が設けられていないため、業務上必要なら遠慮なく使うことが可能です。ただし、接待交際費は実際にお金が手元から出ていくわけですから、気にせずに使っていたら、結局はその分の儲けが少なくなってしまいます。

これに対して、法人の場合は、これまで資本金1億円超の会社は交際費等が一切認められていませんでしたが、2014年4月1日以降開始の事業年度から、飲食費の50%が損金として認められることになりました。1億円以下の企業については2014年4月から、**交際費の上限が年間800万円までか、飲食費の50%のうち、どちらか有利な方法を選択できる**ようになりました。2013年3月以前は、上限が年間600万円までと決まっていて、さらに使った交際費の90%しか損金算入できませんでした。

バブルの頃、銀座の高級クラブとゴルフ場は大企業の役員や不動産業者で溢れていたようですが、交際費が認められなくなってからは、弁護士や税理士、会計士、中小企業のオーナーなどが幅を利かせるようになりました。大企業の交際費が認められなくなってから、世の中にお金が回らなくなってデフレになったのは間違いないと思います。

そこで、アベノミクスの追加経済対策の一環として、大企業にも50%の接待飲食費が認められるようになったのです。これは画期的なことだと思います。失われた20年で企業がため込んだ手元資金は200兆円ともいわれています。もちろん、将来を見据えて研究開発費や設備投資に使ってほしいところですが、デフレマインドを払拭するためにも一部を交際費として世の中に回してほしいものです。

『「キャバクラ」の経済学』（インデックスコミュニケーションズ）の著者である山本信幸氏の試算によれば、20代から60代の成人男子約4200万人のうち、42人に1人が週1回キャバクラ通いを続けると、経済効果は年間1兆円になるそうです。企業がため込んだお金を世の中に回す意味でも、接待飲食費の損金算入は最も効果の期待できる経済対策です。

バブルの頃のように、歓楽街に人が溢れて歩けないほどの賑わいを夜の街が取り戻さない限り、日本経済の成長は難しいように思います。

法人は社会保険料負担が増える

会社を退職してサラリーマンから個人事業主になった途端にまず驚くのは、**国民健康保険料がめちゃくちゃ高い**ことです。市区町村の窓口に相談に行って、初めてそのことに気づきます。

そこで普通は、**健康保険組合または協会けんぽで健康保険の任意継続手続きをします**。継続期間は2年間だけになりますが、退職時の標準報酬月額×9・86〜10・21%を支払ったほうが国保に加入するよりよほど安いのです（都道府県によって料率が異なります。退職時の標準報酬月額が28万円を超えている場合は、標準報酬月額は28万円で計算します）。年齢が40歳から

64歳までの方は、ほかに介護保険料率1・58％が加わります。

国保の保険料を計算してみたい方は「国民健康保険計算機」(http://www.kokuho-keisan.com/)という便利なサイトがありますので、ご自身で年齢や収入を入力してみてください。私の住む富山市で年齢40歳以上、給与所得800万円、奥さんも40歳以上、年収103万円、子供2人でシミュレーションしてみたところ、国民健康保険料は77万円と算出されました。2014年までは年間77万円は上限金額ですが、現在、富山市の上限は85万円にアップしています。年収が高くなると、すぐに上限に貼りついてしまいます。

年金は厚生年金から国民年金に変わりますので、1万5590円×12カ月＝18万7080円が納める年間保険料になります。国保の上限85万円と合わせて、103万7080円がこのケースでの年間社会保険料になります。

仮に会社を設立した場合に、国保＋国民年金と比較して社会保険料負担がどの程度増えるのかは気になるところです。ネット上で見つけた「人事・労務よろず相談所」(http://www.sharoushi-houjin.com/index.php?id=92)の社会保険料（月額）概算計算シミュレーションを使って、給与所得800万円前後になる月額給与を入力して比較してみました。地域は富山県を指定しています。自分株式会社をつくると、本人負担と会社負担を支払うことになります

収入別の社会保険料負担

総支給額（月額）	会社＋本人負担（月額）
195,000 ～ 210,000 円	58,228 円
290,000 ～ 310,000 円	87,341 円
395,000 ～ 425,000 円	119,367 円
485,000 ～ 515,000 円	145,570 円
575,000 ～ 605,000 円	171,771 円
695,000 ～ 730,000 円	190,847 円
770,000 ～ 810,000 円	200,039 円

社会保険料の負担は
こんなに重くなる!

※介護保険料、児童手当拠出金を含む

から、このシミュレーション結果では月額18万7400円の負担になります。年間では、18万7400円×12カ月＝224万8800円となり、国保＋国民年金の倍以上の社会保険料を支払うことになります。参考までに月額給与をどの程度にしたらいいのかを検討するため段階的にシミュレーションしてみました（図表参照）。

月額総支給額が多くなると、それに伴って会社と本人負担を合わせた社会保険料は恐ろしい額になってきます。国民健康保険料はいくら収入が多くても上限が年間85万円ですし、国民年金保険料は18万7080円ですから、役員報酬をたくさんもらっている社長から見れば随分割安に見えてしまいます。

労働保険は他人を雇用すると加入が必要

労働保険とは、労災保険と雇用保険（失業保険）を総称したもので、厚生労働省が管轄となります。労災保険は労働基準監督署が窓口ですし、雇用保険は公共職業安定所（ハローワーク）が担当しています。

この2つの保険料負担が発生するのは、法人だけのデメリットというわけではありません。家族以外の他人を雇用すると、法人・個人にかかわらず労災保険加入が義務づけられてきます。パートやアルバイト、1日数時間だけの勤務でも加入しないといけません。雇用保険についても、アルバイトやパートなどの区別に関係なく、週の労働時間が20時間以上かつ31日以上雇用の継続が見込まれる場合は強制加入となります。

保険料の負担については、労災保険は全額事業主負担となり、その事業に従事する全労働者の賃金総額にその事業のリスクに応じた保険料率を掛けて算出します。例えば、2人の社員に対して賃金総額1000万円を支払っている金融、保険、不動産業の場合は、2万5000円が政府労災保険料となります。労災事故のリスクが比較的高いと思われる交通運輸業で計算した結果は4万5000円でした。

政府労災は、事故が起きた際の最低限の補償を確保する制度であるため、保険料が割安になっています。

ただし、政府労災だけではとても足りませんので、**政府労災の上乗せとして民間損保の労災総合保険に加入する**企業は増加傾向にあります。

雇用保険の負担割合

事業の種類	雇用保険料率	事業主負担率	被保険者負担率
一般の事業	13.5/1000	8.5/1000	5/1000
農林水産・清酒製造の事業	15.5/1000	9.5/1000	6/1000
建設の事業	16.5/1000	10.5/1000	6/1000

（2012年4月1日改正）

雇用保険分（雇用保険料率に応ずる部分の額）については、次の表の負担率に応じて事業主と被保険者（労働者）がそれぞれ負担することになっています。

なお、4月1日時点で満64歳以上の労働者については、一般保険料のうち雇用保険に相当する額が免除されます（事業主、被保険者とも免除）。

雇用保険の負担についてもシミュレーションしたところ、賃金総額1000万円の一般の事業所で年間雇用保険料は13万5000円、そのうち法人負担分は8万5000円、労働者負担分は5万円となりました。

いずれにしても、家族従業員以外の

社員を雇うと、労働保険の負担もかかってきますので、**社長1人だけの自分株式会社をつくるのが一番メリットがある**と思います。

株式会社は決算公告が必要

株式会社を設立して面倒なことのひとつに**決算公告**があります。会社法の規定によって、定時株主総会終了後遅滞なく、定款に定めた方法で公告することになっています。

定款作成の際に必ず「公告方法」を盛り込んでいるはずなのですが、ほとんどの場合、「当会社の公告は官報に掲載する」という書き方になっていると思います。

会社法では、公告を怠ったり不正の公告をした場合には、100万円以下の過料に処すと定められています。

おそらく個人レベルの会社の場合、決算公告をする義務があることすら知らない社長が大半でしょう。たとえ知っていたとしても、官報に掲載するには6万円ほどの費用がかかります。「そもそもやり方すらわからないし、みんなやっていないからいいよ！」という理由で、誰もやっていません。

もちろん、違反が蔓延《まんえん》していることに対して、当局が厳しく取り締まりだしたら、渋々毎年6万円支払って官報に掲載するようになると思います。いまのところ、私のまわりでは決算公告を怠って罰金を取られたという話は聞いたことがありません。

決算公告のやり方としては、官報に掲載する以外に「日刊紙」に掲載する方法と「電子公告」というやり方があります。日刊紙の費用としては、地方紙でも30万円前後、全国紙ですと100万円前後の掲載料が必要になりますので、現実的ではありません。

費用的に**一番安いのは電子公告**だと思います。自社ホームページに決算内容を掲載すれば足りますので、費用はほとんどかかりません。すでに定款に「官報に掲載」としている場合でも、決算公告のみを電子公告することも認められていて、わざわざ定款を変更する必要はありませんが、取締役会で決算公告を自社ウェブサイトで行う旨を決議し、公告するサイトのURLを法務局に登記する必要があります。掲載した決算広告は5年間継続してアップしておく必要があります。

自社ウェブサイト以外に専用のサイトを作成したり、帝国データバンクのインターネット決算公告サービスを利用して公告すること（費用は年間3万円程度かかります）も可能です。

いずれにしても、自分株式会社のようにプライベートカンパニーの場合は、台所事情を世間にさらすことになりますので、**人目につかない方法を選んでおくのがいい**のではないでしょうか。

法人名義で電話を引くと料金がアップ

法人を設立して固定電話を新たに引くと、事務用となるため、毎月の回線使用料（基本料金）が5割程度高くなります。ＮＴＴの料金表を掲載しておきますので、ご確認ください。

事務用で契約すると、タウンページ（職業別電話帳）とハローページの両方に無料で掲載できます。住宅用ではハローページに掲載することができます。なお、別料金５４０円を支払えば、ひとつの電話番号に対して複数の異なる名前を電話帳に掲載することもできます。

NTTの回線使用料（基本料）

	区分		1級取扱所	2級取扱所	3級取扱所
加入電話	ダイヤル回線用	事務用	2,300円	2,350円	2,500円
		住宅用	1,450円	1,550円	1,700円
	プッシュ回線用	事務用	2,400円	2,400円	2,500円
		住宅用	1,600円	1,600円	1,700円
加入電話・ライトプラン	ダイヤル回線用	事務用	2,550円	2,600円	2,750円
		住宅用	1,700円	1,800円	1,950円
	プッシュ回線用	事務用	2,650円	2,650円	2,750円
		住宅用	1,850円	1,850円	1,950円

※料金はすべて税抜き

↓

事務用だと、基本料金はこんなに高い！

自宅で開業して、そのまま自宅の固定電話を使いたい場合は、自分の名字が入った会社名にすれば、住宅用電話を法人でも兼用することが可能だと思います。

ちょっとダサいですが、「吉川不動産株式会社」みたいな社名にすれば、「はい、吉川です！」といままで通り電話に出ても違和感はありません……。

弁護士事務所や、税理士事務所、司法書士事務所などの士業の方でしたら、まったく違和感はありません。

固定電話を新たに事務用で引くのは経費の増加につながりますので、できれば**自宅の電話をそのまま使えるよう**

に工夫するのがいいでしょう。ファックスも別回線を引くと、基本料金と通話料が増えますので、わざわざ回線を増やすことはありません。電話と切り替えて送受信する形で十分に対応できます。ちなみに、通話料金は事務用でも住宅用でも変わりません。

ほかにも、インターネットに接続する際のプロバイダー料金が法人の場合は高くなります。ＯＣＮやソネット、ニフティなどは法人向けのプランと個人向けのプランがあり、法人向けは料金がアップします。料金が高い分、法人向けは大容量のデータをやりとりしても通信量制限がかからなかったり、セキュリティが強化されていたりして、サービスの充実度が違いますが、単に**メールとインターネットをするくらいでしたら、個人向けプランでも十分**だと思います。

インターネットを利用して売買したり、クレジット決済したりすることが頻繁に想定されるようなケースでは、セキュリティ対策や回線トラブルを回避する意味でも、法人向けプランを選択しておくべきです。

不要なファックスやメールが多くなる

法人を設立すると、会社の住所や役員の氏名が法務局でいつでも閲覧できるようになります。また、地元の商工会議所に加入したり、業界団体に加入したりすると、新入会員として広く紹介されることになります。そして、自社のサイトを作成したり、タウン情報誌や新聞広告を出したりして積極的に活動していると、すぐに不要なファックスやメールが増えてきます。

個人のときは少なかったのに、株式会社という名称になった途端、ファックスやメールが多く来るようになりました。それだけ株式会社のインパクトが大きいということだと思いますが、ファックスのインクの減りが早くて困ってしまいます。電話とファックスとコピーとスキャナー兼用の複合機を使っているため、インク代がバカになりません。不要な貸金業者からのファックスは着信拒否リストや迷惑メールリストに登録しているものの、イタチごっこのようにきりがありません。

いろいろな商品の勧誘や「社長さんいらっしゃいますか？」という投資関係の電話も多いです。訪問販売も来ます。株式会社にもピンからキリまでありますから、必ずしも「社長＝お金持ち」ではありません。いちいち対応していたら時間の無駄なので、上手な断り方を身につけるのがいいでしょう。

私はサラリーマン時代に保険会社にいたため、保険の外交員が訪ねてきたときは「ついこの間まで保険会社にいたので……」というと、すぐに退散して、次から来なくなります。保険会社の社員は山ほど保険に入らされていることを彼らが一番よく知っているのです。

自宅を事務所にしていると、リフォーム業者さんもよくやって来ます。その場合も「うちもリフォーム業者なので……」というと、やはり来なくなります。マンション販売業者からの「マンション買いませんか？」という電話も、「うちも不動産業者なので……」というと、すぐに電話を切ることができます。

基本的にウソまでついて断るのはよくありませんが、私は不動産業者なので実際にマンションを販売していますし、リフォーム工事もやります。保険の販売も定款には載せていますので、ほとんどのことは「うちでもやっています」といって断ることができます。

あるお医者さんの奥様はうっとうしいので「主人は亡くなりました」と断っているそうですが、勝手に知らないところで死んだことにされているのもどうかと思います。でも、なかなかいい「殺し文句」を考えたものだと思います（笑）。

第6章

自分株式会社
成功の方程式

独立起業で成功するにはストック型ビジネスがいい

ビジネスには大きく分けて、**フロー型ビジネス**と**ストック型ビジネス**があります。世の中のほとんどのビジネスは前者で、飲食店、美容院、弁護士、ハウスメーカーや自動車ディーラーなど、常にお客さんに来てもらったり、新規顧客を探したりしなければいけません。手と頭を使って働かないと、売り上げにつながらない商売です。

サラリーマンも、自分が健康を害したりして会社に行けなくなったら収入が途絶えてしまいますので、フロー型ビジネスだといえます。

これに対して**ストック型ビジネス**は、電力会社、携帯電話会社、プロバイダー、アフィリエイト、レンタルサーバー、著作権、特許などのように、いったん仕組みさえつくってしまえば、何もしなくても収入が入ってくる商売です。一定の契約数さえ確保すれば、収益は安定します。

例えば、ハウスメーカーで家を新築してくれたお客様は、リピーターになって2度も3度も家を建ててくれるでしょうか。そんな方はまずいませんから、いつも新規のお客様を探すために多大な広告費や人件費を使わなければなりません。

一方、もし家を新築したお客様が防犯対策をしたいということでセコムと契約して、防犯カメラや空間センサーを設置した場合はどうでしょうか。セコムには毎月、機材のリース料や防犯システム利用料が入り続けることになります。私もセコムのセキュリティシステムを導入しましたが、毎月1万数千円をずっと払い続けています。

作詞家でもあり、AKB48のプロデューサーで有名な秋元康さんは、25年も前に30分で書いた「バレンタイン・キッス」という曲の印税がいまだに入ってきているそうです。独立起業をするなら断然ストック型ビジネスが安心なのですが、そんなに簡単に権利収入を得る方法は見つからないと思います。

独立起業を成功させる最も安全な方法は、**ストック型ビジネスとフロー型ビジネスの両方を組み合わせること**です。初めにストック型ビジネスで収入を安定させて、その上でフロー型ビジネスを展開していくのがベストです。フロー型ビジネスは当たれば爆発的に収入が増えますが、仕事が取れなければ収入が激減して、すぐに窮地に陥ってしまいます。

副業禁止規定に抵触しない仕事をまず始める

民間企業にお勤めの方でも公務員の方でも、副業禁止規定があるために起業できないと悩んでいる人も多いと思います。でも、親が亡くなったため実家の商売を手伝わないといけなくなったり、相続で田んぼやアパートを引き継いだ場合まで厳しく禁止しているわけではありません。

とくに、バブル時代に流行ったサラリーマンによるワンルームマンション投資のように、利殖を目的に始める**不動産投資までは副業とみなしていない**ようです。就業規則にしっかり副業禁止規定がある会社でも、経営者や幹部社員が賃貸用不動産を所有しているケースはわりとあります。

念のために、富山市役所と富山県庁の経営管理部人事課に、アパート経営や貸家業は副業禁止規定に抵触するか確認してみました。富山市では「本業と収入が完全に逆転する規模だったり、業務に支障が出る場合は問題あるが、そうでない場合は認めている」との回答でした。富山県では「税法上、5棟10室になると業とみなされるため、貸家であれば4棟、アパートであれば9室までは届け出もいらない」という返事でした。

このように公務員であっても、不動産賃貸業については比較的寛容に認めている傾向がありますので、いきなりリスクを取りたくない方にとっては、まずストック型ビジネスである**家賃収入を少しずつ増やし、本業以外での安定収入を確保しながら独立の準備を進める**のが、最も安全にサラリーマンを卒業する方法だと思います。

サラリーマンがいきなり起業したいといって、銀行に融資をお願いしたとしても、おそらくどこも相手にしてくれません。しかし、銀行は担保至上主義ですから、抵当権を設定できる不動産を持っていけば、どこの銀行も喜んで検討してくれます。大家業はほとんど手間がかかりませんし、いろいろな付随する業務を外部の専門家に業務委託することができます。もちろん、自分の体を使ってリフォームしたり、客付業者さんに営業して回りたい人は、休日や空き時間を見つけて、自ら積極的に大家業にかかわることもできます。

独立起業したみなさんが一番苦労しているのは、サラリーマン時代に比べて収入が極端に減ることです。そのリスクをカバーするために最も有益で容易なのが、不動産賃貸業である程度の安定収入を確保しておくことだと思います。

在庫や資産を持ち過ぎないこと

いまや個人でも簡単にネットでお店を開業できるわけですが、ものを売る商売は先に商品を仕入れて在庫を抱えないといけないため、リスクが高くなります。在庫を抱えることは、その分だけキャッシュが拘束されてしまいます。流行り廃りの激しいものや価格変動のあるものは、下手をすると仕入れ価格より安くしなければ売れない場合だってあるのです。そうなってしまうと、悲しいですが、売れば売るほど赤字が膨らんでいきます。仕入れ商品や価格を見誤ると、大損してしまうのが商売です。

これに対して、司法書士や行政書士、宅地建物取引士などの**フィービジネス**は、仕事をすれば確実に手数料が入ります。在庫を抱えることはありませんので、大きな資金を常に用意する必要もありません。個人が**自宅を事務所にして開業するには最も適している商売**

だと思います。

在庫と同様に、使わない資産もお金を生まないわけですから、**とっとと売却して換金したほうが得策**です。余分な資産を抱えていると、保管スペースや維持費が無駄になってしまいます。不動産業者も金回りがよいときは、利用するあてもない土地を安いからといって仕入れたり、中古住宅を下取りしたりしますが、これらの資産や在庫は金額も大きいですし、持っているだけで固定資産税などの維持費がかかります。商売の基本はいかに早く仕入れたものを現金化するかです。

不良在庫も不良資産も思い切って処分することで、キャッシュインと節税効果を会社にもたらしてくれます。お金を常に忙しく働かせることによって、お金がお金を生み出してくれます。このあたりの感覚を研ぎ澄ませていかないと、儲かる会社にはなりません。

よく「黒字倒産」という言葉を聞きますが、利益が出ているにもかかわらず、手元キャッシュを持っていないために、一瞬で資金繰りに困って倒産してしまう場合があります。キャッシュは会社の血液だとよくいわれるとおり、突然、取引先の倒産などによって入金が滞ってしまうと、血栓が詰まって脳梗塞や心筋梗塞の状態になってしまいます。血液の流れが止まった瞬間、会社も倒れてしまうのです。

これを防ぐには、手元流動性を高めておくしかありません。在庫や資産を拡大しすぎないようにして、キャッシュリッチ企業を目指すことです。

自分株式会社の登記は自宅に……

節税目的の法人を設立する場合は、必ず自宅住所で登記をします。これで家賃（マイホームの場合は家賃相当分）や電気代、ガス代、水道代などの2分の1程度は法人の経費として計上することが可能だと思います。ほかにも、新聞代や書籍代、固定電話や携帯電話料金、NHKの受信料、ケーブルテレビ、プロバイダー料金などは、おそらく全額経費として計上できると思います。

大型液晶テレビやDVDレコーダー、除湿器、空気清浄機、応接セットなども買い替えるときは、法人の経費として損金で落とすことが可能になります。もちろん、パソコンや車を買い替えるときも、法人の経費や償却資産として経費化することができます。事務所に飾る絵画や、お客様用のコーヒーやお茶代まで考えれば、いろいろ思いつくはずです。

つまり、自分株式会社をつくることによって、いままで所得税や住民税を取られた残りの手取り額から支払っていた、衣類と食費を除くほとんどの生活費が、法人の経費に置き換えられることになります。しかも今度は、税金を支払う前の収入の中から経費として差し引けるわけですから、経費でどんどん買わないと、損した気分になってしまいます(笑)。

日本の税制はサラリーマン以外は申告納税制度を取っています。このため、経費として申告するかどうかは、社長本人の裁量に委ねられます。税務調査が入った際に、仕事をするために有益な支出だったことが説明できれば、ほとんどのものが経費計上できてしまいます。**客観的な事実を指摘して、それを否定するのは税務署側**だということをよく理解しておくべきでしょう。

自宅を法人の本店所在地にする最大のメリットは、家賃などの余計な事務所経費を最小限に抑えることです。お客様がどんどんやって来るような職業じゃないのであれば、多額のテナント料を払うことほど無駄な出費はありません。10万円以上も家賃を払うのであれば、パート社員1人雇えてしまいます。**できるだけ長い期間、自宅を事務所にして営業す**

ることが、稼いだ利益を法人または自分に残すことにつながります。

せっかく自宅を事務所にして開業しようと思っていても、実は法令上の制限でできないケースが中にはあります。それは、自宅が市街化調整区域内にある場合です。

宅造業者が販売した宅地でも、用途地域が市街化調整区域になっているケースがときどきあります。この場合は、開業できる業種に制限があります。事前に市役所などの都市計画課や建築指導課などに相談してみてください。ただし、法人ではなく個人での開業でしたら、可能になる場合もあります。

実は私の自宅も調整区域だったのですが、もともとこの場所で個人で不動産賃貸業や不動産の管理業を始めていて、それをそのまま法人成りするという説明をしたら、宅建業の許可が出ました。行政によって解釈や判断が異なりますので、このあたりについては注意が必要です。

失敗しないためにまずやるべきこと

サラリーマンを辞める際にまず準備すべきことは、サラリーマン収入が途絶えてもしばらくは食べていけるだけの貯金です。**少なくとも1年分程度は必要**だと思います。

副業で始めたビジネスや投資が軌道に乗って、それだけで生活が可能になったら、副業を専業に切り替えてもいいと思います。奥さんや家族がいる方はとくに慎重になってください。**相当余裕が出るまでは、サラリーマンとの二足のわらじを履いて頑張るべき**だと思います。

私が不動産業者として開業しようかどうか迷っていたときに相談した業者さんは、正直、不動産仲介業だけでいきなり食べていくのは難しいと諭してくれました。売買の仲介は景気のよいときと悪いときの変動が大きいため、収入にすごく波があるといいます。それを補うには、ほとんどの業者さんがアパートやマンションを自社物件として所有していると教えられました。いわゆる**ストック型の収入が必要**だということです。

売買の仲介では、売る物件をコンスタントに探してこないといけませんし、不動産は金額が大きいため、そんなに簡単に右から左に売れるものでもありません。下手をすると、広告を出してから1年経っても売れない物件だってあります。売主さんが強気だったり、お金に困っていない場合は、値下げもできず、広告費だけがかさみます。

不動産業は「千三つ」とたとえられるように、千に三つくらいしか話がまとまらないものです。みんなが飛びついて買いたくなるような掘り出しものは、やはり千に三つぐらいしか出てこないような気がします。

売買の仲介がまとまった場合の手数料は、大間のマグロを一本釣ったくらいの収入にはなりますが、マグロ漁師のように一本も釣れない年も覚悟しておく必要があります。ですから、不動産業者は自分のアパートを持ったり、賃貸の仲介をやったり、アパートの管理をやったり、保険代理店をやったりして収入を安定化することを目指しています。

私がこのとき業者さんからいわれたのは「不動産業を開業しようと思ったら、アパート50室程度は持ってからじゃないと厳しい」ということです。開業して、そのとおりだということがよくわかりました。不動産売買の仲介料はまさに変動所得そのものですので、ストック型収入がないと経営は難しいと思います。

資金調達は日本政策金融公庫を利用

起業して間もない頃は、お金を貸してほしいと銀行に行っても、どこも冷たい態度で断られます。会社に資産があればいいのですが、そうでない場合は厳しいのが現実です。そんなときは**日本政策金融公庫が起業家の強い味方になってくれます**。

日本政策金融公庫では、「新規開業資金（新企業育成貸付）」などの融資を通じて、新たに事業を始める方や事業開始後概ね7年以内の方を応援しています。借入限度額7200万円（うち運転資金4800万円）、融資期間は設備資金15年（とくに必要な場合は20年）、運転資金は5年（とくに必要な場合は7年）の条件で融資が可能です。

銀行に融資をお願いした場合は、ほとんど社長個人が会社の借り入れの連帯保証人にさせられますが、日本政策金融公庫は無担保、無保証人を希望される方に対しても「新創業融資制度」が設けられており、要件を満たせば限度額３０００万円（運転資金は１５００万円）まで原則無担保、無保証人で借入可能となっています。

ほかにも「女性、若者、シニア起業家支援資金」という、女性の方もしくは30歳未満の若者、または55歳以上のシニア向けに特別な融資制度も設けられており、民間金融機関とは比べものにならないくらいスピーディに審査&融資をしてもらえます。実際に、私のまわりでもアパート経営を始めたい主婦の方が何人かこの制度を利用しました。物件資料や事業計画書を提出してから2週間以内に審査が完了し、それぞれ７０００万円近い融資を受けてアパートを取得しています。

アパート経営の場合は、担保になる不動産がありますから、融資する金融機関も安心なのでしょうが、それにしてもあまりにも簡単にフルローンに近い金額の融資が下りたのは驚きでした。私が初めてアパートを取得したときに融資を受けたのも日本政策金融公庫です。民間金融機関では融資のつきにくい古いアパートでも融資してもらえるケースが多いですし、金利が全借入期間固定なのもいいです。返済方法に関しても、元利均等と元金均等のどちらも選べるのもいいと思います。

なにより民間金融機関では、通常、資料を提出してから融資の返事が来るまでに2カ月近くかかってしまいますが、日本政策金融公庫の「女性、若者、シニア起業家支援資金」は民間金融機関とは比較にならないほど審査も融資実行も早いため、**急ぐ場合は日本政策金融公庫が断然に有利**です。

売り上げを伸ばそうと、ガツガツしないこと

サラリーマンを辞めて独立すると、焦りや不安からか、売り上げを伸ばそうと必死になって営業します。でも、やみくもにいらないものや興味のないものを押し売りするのは、逆効果です。そんなことをしていると、将来顧客になってくれそうな人まで逃げていってしまいます。人は必死感が伝わると、引いてしまうものです。

よく「売り込まずに売る」とか「営業しないほうが売れる」といわれますが、興味を持って店に入っても、すぐに店員が寄ってきて、いろいろすすめられると、本当にウザいだけです。ウザいと思った瞬間から、商品を品定めするのを忘れて、どのタイミングで店から

出ようかと必死になって考え始めてしまいます。むしろ、客に好きなように商品を見させたほうが、気に入ったものを見つけてくれます。ちょっと困った顔をして助けを求められたときだけ応対すればいいのです。

お客様は、サービスの成果や商品の質も重視しますが、そこに至るまでのプロセスもかなり重視しています。お店に入った瞬間、感じのいい店と悪い店はすぐにわかりますし、感じのいい営業マンとそうでない営業マンの区別もすぐにつきます。『人は見た目が9割』（新潮新書）という本もありましたが、店員や営業マンも見た目が9割の世界だと思いますので、お客様にあまりしゃべらないほうがかえって成果が出ると思います。

最近は、車や不動産のような高額な商品でもネット販売が増えてきました。車や物件の写真を撮ってネット上にアップするだけで、すぐに購入希望者から問い合わせが入ります。私もときどき不動産情報サイト「ａｔ ｈｏｍｅ」（http://www.athome.co.jp/）で不動産を売買しますが、**値付けさえ間違わなければ、サイトにアップしておくだけで問い合わせがきて売買が成立します**。売る側としては、人通りの多い駅前あたりに高い家賃で店舗を借りなくてもいいですし、掲載料も月５０００円程度の費用で済みます。

私が車を買ったときも、ネットで見つけて買いました。一番たくさん掲載されていたのが「goo net」(http://www.goo-net.com/index.html)というサイトです。最初は茨城県まで車を引き取りに行きましたし、いま乗っている車はたまたま地元富山のディーラーさんが掲載していた車です。いい商品を安く提供できれば、いまや車や住宅などの高額商品でもネット販売が可能です。

自分株式会社成功の秘訣は経費をかけないことですので、いい商品であれば売り込まなくても売れていきます。**敏腕営業マンなんか雇わなくてもいい**のです。

人の喜ぶ商品や情報、サービスを提供すること

商売の基本は、**人を喜ばすこと**です。喜びや満足度が高ければ、人は喜んでお金を払ってくれます。私は現在不動産業を開業していますが、不動産業者としてやるべきことはいかに安くてよい物件を見つけてくるかということです。投資家さん向けに格安なアパート用地や築浅のアパート、高利回りのアパートを探すのが私の仕事です。

富山市内で坪単価4万4000円の土地を紹介したときはすごく喜ばれましたし、築5年のアパートを紹介したときもすごく喜んでいただきました。表面利回り22％のアパートを紹介したときも、すぐに買っていただきました。

私は不動産を仲介する際にいつも真っ先に考えることは、自分もノドから手が出るほど買いたい物件かどうかです。自分の目で見て欲しくもない物件を紹介しても、人に喜んでもらえるはずがありません。収益性の高い物件や、含み益の大きい物件を紹介すれば、買ってくれた方が成功してどんどんお金持ちになっていきますし、近い将来にもまた次の物件を買ってもらえると思います。

とんでもないババ物件を売りつけて、万が一、破産でもさせてしまったら、せっかく将来の優良顧客になったかもしれない顧客を自ら握りつぶしてしまうことになります。不動産業者は、お客さんがお金持ちになりそうな優良物件を紹介し続ければ、将来また仕事につながります。不動産投資をやる方のほとんどが毎年のように物件を取得していきますので、必ずリピーターになってもらえるのです。

最近、不動産市況が盛り上がってきたため、中古物件の価格が上昇してしまいました。その分、収益物件の利回りも低下したため、自信を持って紹介できる物件がほとんど出てこなくなりました。そこで最近は、安い田んぼ（市街化区域内農地）を投資家さんに買ってもらい、新築アパートを建ててもらっています。木造建築の単価は鉄筋コンクリートほど上昇していませんので、土地から仕入れて新築を建てても、表面利回り10％以上にはなります。

富山では田んぼの状態で仕入れれば、まだ周辺宅地の半額以下で仕入れることができますので、このギャップに目をつけて新築で利回り10％以上を確保しています。融資する銀行にとっても、いきなり土地の含み益が発生するため、空室リスクや家賃の下落や多額の修繕費が必要な中古物件に対するよりも融資しやすいのはいうまでもありません。

自分が楽しいと思う集まりや飲み会にだけ顔を出す

独立起業すると、商工会やロータリークラブ、その他の業界団体など、いろいろな団体から誘いがあるでしょう。そのような各種団体や勉強会に参加して人脈を広めるのは、商売をやっていく上で大切なことだと思います。最初はわからないことが多すぎるので、銀行や税理士事務所とのつき合い方、記帳の仕方などを教えてもらったりもできます。

ただし、同業者団体や商工会の同業者部会の場合は、お互いが同じ仕事をしているライバルですので、表面的なおつき合いはできますが、仲のよい友達同士のように「ツーカー」の関係を築くのはなかなか難しくなります。それよりも、自分が楽しいと思う**趣味の集まりや飲み会に参加しているほうがよほど仕事につながります**。

人は趣味に没頭しているときが一番楽しいですし、興味の持てることやわくわくする体験をすることで、幸せの脳内ホルモン「セロトニン」が活発化されたり、幸せの快楽ホルモン「ドーパミン」が分泌されます。ですから、お互いに共通する楽しいことをしていると、その仲間とはすぐに打ち解けることができるのです。

会社や仕事の関係で知り合ったりつき合う人とは、必ず上下関係が明確に存在します。そのようなコミュニティでは、上下関係が逆転することはまずありませんし、対等な関係でおつき合いすることも実際には難しいです。それに対して、共通の趣味で知り合った仲間とは、年齢や経験値などの壁はすぐになくなってしまいます。お互いに好きなことをやっているという一体感や親近感から、いきなり友達感覚でつき合うことができてしまうのです。

知らない人にいきなり何かをお願いしたり、相談するのは、ハードルも高くて大変ですが、いったん親しくなった共通の趣味を持つ友達とは、いろいろなことを相談したりお願いできる関係になれます。すぐに商売につながることを期待してはいけませんが、人は困ったときに身近な人に相談するものです。たとえあなたがどんな仕事や商売をしていたとしても、共通の趣味でおつき合いしている仲間から将来必ず仕事が舞い込むはずです。少なくとも、私は何度もそういう経験をしてきました。

一見、他人から見ると、本業とはかけ離れた無駄なことに時間を費やして遊んでいるようにしか思えなくても、**遊ぶ仲間を増やすことこそ売り上げにつながる**のです。

決して他人を雇わないこと

第3章で自分株式会社に社員はいらないと書きましたが、一番の問題は、人を雇うと人件費がかかることです。利益が出ていないと、もちろん人は雇えませんし、いくら株式会社とはいえ、社長1人の会社に勤めようというチャレンジ精神旺盛な人なんてなかなか現れません。おそらく相場より高い給料を支払って条件をよくしないと、採用は難しいと思います。

人を1人雇うと、年間500万円くらいの固定費がかかります。あえて雇わなければ、その分利益が残ります。社長が忙しくて寝食を忘れるくらいならともかく、そうでなければ社員は雇わないことです。

会社を設立してみてわかったのですが、実は毎月コンスタントに給料を支払うことはすごく大変なのです。社長1人しかいませんから「自分に払うだけだし、簡単でしょう」と思いますが、小さな会社は入金が毎月あるわけではありません。税金をたくさん払ったあとは、すぐに口座が空になってしまいます。下手をすると、自分に給料を払うために運転資金を銀行から借りなければいけないことだってあります。

私は運転資金を借りるのはイヤなので、個人のお金を一時的に会社に貸すようにしていますが、これがどんどん雪だるま式に膨らんでいくことがあるのです。そういうときは仕方ないので、入金があるまで役員報酬をストップしたことが何度もあります。

私の会社は、アパートの家賃収入や印税などのストック型収入以外に、不動産仲介手数料や不動産売却益などフロー型売り上げが多いため、入金が常に変動します。昨年は資金繰りがショートしたことで6カ月間も自分に給料が払えませんでした。社員を雇用していたら完全に倒産していたところでした。

独立起業したら、どんな業種でも必ず波があります。人は必ず調子のいいときに合わせて支出も拡大させてしまいます。調子に乗ってうっかり他人を雇おうものなら、他人に給料を支払うために一生懸命働いて、ますます大変な思いをすることになるのです。

自分株式会社を設立して、好きなことをして悠々自適に暮らしたいと考えているのであれば、社員を雇って会社を大きくするのではなく、**自分1人の役員報酬を支払えるくらいのストック型ビジネスをやるのが一番安心できる**と思います。

第7章

遊びや趣味を追求すると、売り上げは自然に伸びていく

趣味のランニングは効果絶大

この見出しを見て、ランニングと会社の売り上げがどう関係するのか、不思議に思われる方も多いことでしょう。私がランニングを始めて最もよかったのは、**仕事や日常生活において目標を達成する能力が確実に上がった**ことです。

私は２００８年に初めてホノルルマラソンにチャレンジして完走しましたが、レース当日に向けて地道に日々練習を積み重ねることで、完走することができました。週３回程度10～30㎞をひたすら半年ほど走り続けます。大会前３カ月間の平均月間走行距離は２５０～３００㎞くらいになります。走らない日は、近くの運河沿いを４㎞ウオーキングします。

継続は力なりとよくいわれるとおり、日々黙々と自分を追い込んで走り続けることによってしか42・１９５㎞を完走できる筋肉はつけられません。この一連のトレーニングを通して、なにより自信がつきますし、完走することで素晴らしい成功体験を味わうことができます。**マラソンは自分の頑張る力、とくに持久力を引き出してくれる素晴らしいスポーツ**だと思います。

私がマラソンに出会ったのは42歳のときですが、走り始めて以来、人生が変わりました。会社でくすぶっていた自分が走ることによって、確実に前向きに進化し始めたのです。

作家の村上春樹さんもマラソンランナーとして有名ですが、ご自身の随筆『走ることについて語るときに僕の語ること』（文藝春秋）のなかで「僕は小説を書く方法の多くを、道路を毎朝走ることから学んできた」と書かれています。小説を書くのは、日々ジョギングを続けることによって、筋肉を強化し、ランナーとしての体型をつくり上げていくのと同じ種類の作業だとおっしゃっています。峻険《しゅんけん》な山に挑み、岩壁をよじ登り、長く激しい格闘の末に頂上にたどり着く作業で、自分に勝つか、あるいは負けるか、そのどちらかしかなく、そのような内的なイメージを念頭に置いて、いつも長編小説を書いているとのことです。

実際に、私も今回の本が12冊目になるのですが、毎回出版社の編集会議で企画書が通るたびに、フルマラソンのスタートラインに立ったのと同じ感覚になります。いったん書き始めると、最低でも3～4カ月間、毎日ゴールに向かって黙々と書き続ける作業が続きます。予定どおりゴールにたどり着けるかどうか、かなりのプレッシャーなのですが、スピードを落とさずに出版社に原稿を送り続けないといけません。私も日々のランニングによって、集中力と本を書くための持続力が鍛えられたと思います。

私が過去に書いた本はほとんどが電子書籍としても販売されていますので、もう何年も前に書いた本からも、いまだに印税が入ってきます。出版というストック型ビジネスからの収入はすごくありがたいものです。

華道教室で癒やしと芸術の世界に浸る

自宅を事務所にして不動産業を開業して以来、私の自宅兼事務所にはほとんど誰も訪ねてきません。主たる収入は、アパート32室と貸家1軒と区分マンション2戸から入ってくる家賃だからです。不動産仲介業者として積極的な営業は何もしていないので、不動産業者向けののぼり旗やグッズ販売業者さん、不動産販売サイトの運営会社さんなどには来てほしくありません。そのため、ハローページやタウンページにもあえて電話番号は載せていません。

とりあえず、宅地建物取引業者だということがわかるようにしないといけないので、加入している協会の看板は建物の内側に設置して、外からはガラス越しに見えるようにしました。会社名も縦7cm×横12cmのプレートを玄関の横に両面テープで貼りつけただけです。ということで、私の事務所にはあえて誰も訪ねて来ないようにしました（笑）。

私がそもそも会社を辞めたのは、過酷な奴隷労働から逃げることが目的だったため、辞めたあともガンガン働くことは本意ではありません。できることなら、好きなことをして暮らしていけたら最高だと、いまでも思っています。

ふざけていると思われるでしょうが、現在でも毎日が日曜日の生活を目指して「サンデー毎日倶楽部」という会を主宰しています。不動産投資や株式投資などで自由になりたいという方々と温泉に宿泊して、年に数回セミナーや情報交換をする会ですが、おかげさまでリタイアやセミリタイアされて文字どおり「**サンデー毎日**」になった方が増えてきました。

私も時間はたっぷりあるため、ずっと習いたいと思っていた華道教室に通い始めました。平日の華道教室って、すごく癒やされます。基本的に先生自身が楽しそうなのです。生徒さんも時間とお金に余裕がある方ばかりなので、みなさん優雅です。なによりきれいな花を見ているだけで極上の癒やしになります。

実は、私はもう1カ所、高校の同級生が開いている華道教室にも通っているのですが、私が不動産業を開業しているものですから、自宅の外壁を張り替えたいという依頼や、老後に備えて投資用の区分マンションを買いたいという依頼をされるようになりました。ほかにも、ちょうど息子さんや娘さんが結婚される年齢に差し掛かっているため、不動産に関する相談をいろいろ持ち掛けられています。決してこちらから売り込んでいるわけではありませんが、**趣味の世界を楽しんでいると、不思議と仕事の話が増えていきます。**

180

大人の部活動に参加する

マラソンと本を書くことの関係についてお話ししましたが、最初は３００ｍも走れなかった自分が10㎞を走れるようになっただけでも大満足でした。ただマラソン大会に出ているうちに、フルマラソンをどうしても走ってみたくなったのです。

学生時代にまったく運動をしていなかった自分にとっては本当に夢のような話ですが、たとえゴールして倒れて死んでもいいから走りたいと思うようになったのです。そこで、スポーツ経験もない素人が1人で頑張っても無理だと思い、会員数１３０名くらいの地元のメジャーなランニングクラブに入って走り方の基礎から教えてもらうことにしました。

毎週水曜日の夜になると、仕事を終えた仲間が陸上競技場に集まってきます。主としてやるのはスピード練習です。先週は４００ｍを全力疾走して、インターバルは２００ｍをジョギング、これを連続して10本という練習メニューでした。酸欠で頭が痛くなったのと心臓が飛び出そうになって、8本目をサボりましたが、なんとか9本こなしました。今週は3000m1本、2000m1本、1000m1本で終わったと思ったら、時間があるので最後にまた2000m1000m1本というメニューで、まさに中学生の部活のようなクラブです。毎週ドSな美人コーチに言葉攻めにされながら、大の大人が髪を振り乱し汗を飛び散らせて頑張っています。

参加されている方は、20代から60代まで幅広いのですが、世間一般的に見て属性の高い職業の人がなぜか多いです。これは、私が最初にこのクラブに参加して感じたことですが、あとから参加した知り合いの投資家さんも同じことを感じたらしく、ハイソサエティな団体だということで意見が一致しました。

このランニングクラブに加入して今年で5年目になります。いまでは休日いっしょに走ったり、飲みに行ったりする仲間もできました。私のほうから不動産投資の話を持ちかけることはありませんが、逆に私が毎日遊んでいるものですから、興味を持たれて相談されることはよくあります。実際に、ご自身で勉強されてアパート経営を開始された方もいます。なぜか**趣味の世界を真剣に楽しんでいると、仕事につながることが多い**ように感じます。

私はこのクラブで4年間鍛えてもらったおかげで、少々のことでは心が折れなくなりました。みんなでワイワイいいながら、これからも楽しんで走り続けたいと思います。

夜の国際交流で仕事が増える?

お金に余裕ができたら、夜の繁華街に繰り出してみたいという願望は、世の男性だったら少なからずお持ちだと思います。サラリーマン時代の私は、金銭的に余裕もなく、会社の飲み会すらおっくうで断っていました。不動産業を開業して業界の会合やおつき合いも増えたため、富山市内の桜木町という繁華街に繰り出す機会が自然と増えました。もともと、売れっ子の作家先生が銀座に行きつけのクラブをお持ちだというような話には憧れていて、いつかは自分もという気持ちがなかったわけではありません。

ところが、サラリーマンを辞めた途端、税金やら保険の支払いに追われて、なかなか夜の花街にデビューする機会がありませんでした。ようやく3年前に、ある社長さんに連れられて花街デビューを果たすことができました。夜の街の師匠からは「もう10歳若くデビューしていたらモテたのに……」といわれましたが、いまさらいわれても過ぎ去った日々は取り返すことができません。遅ればせながらフィリピンパブや中国人のママさんのお店で**夜の国際交流**を楽しませていただいています（笑）。

初めてのお店に行くと、職業をよく聞かれますが、そんなときは「REALTOR」（不動産業者）だといっています。すると、お姉さんたちは、お店から歩いて帰れるアパートメントはないか聞いてきます。中にはストーカーされているので、すぐにでも引っ越したいという切羽詰まった話もありました。

富山は雪が降るため、冬は帰るのに苦労するらしく、近いところで空きが出たら教えてほしいとよくいわれます。外国人や夜のお仕事をされている人はお断りという物件も多いので、みなさん住むところにはかなり苦労されているようです。

大家業をやっていると、文化や習慣の違いや言葉の問題から、「外国人お断り」という大家さんが多いのですが、在留カードがあって滞納保証会社の審査も通っていて、日本語も話せる人であれば、**外国人の入居者にもチャレンジしてみてもいい**のではないでしょうか。私のアパートにも、中国人とフィリピン人の方に入居してもらっています。

賃貸以外にも、周辺で安い区分マンションが出たら購入したいので、物件情報を欲しいという要望もかなり多く入ります。区分マンションも徒歩圏内の物件が出ると、「パパ」が愛人用に購入するというパターンが多く、すぐに売れていくようです。これも『「キャバクラ」の経済学』に書かれていた世の中にお金が回るようになる一例だと思います。

年に数回の南の島ツアーが仕事につながる？

私は南の島に憧れを持っているため、年に何回か、あのエメラルドグリーンの海を見ないと正直落ち着きません。満足できないのです。ですから、年に数回は出かけるようにしています。

近くて便利な沖縄やサイパンが多いですが、石垣島やハワイなども過去に何度か行っています。行くときのメンバーは決まって仲のいい友人兼投資家さんです。現地では必ず不動産業者を訪問して、新築のリゾートマンションや海辺の別荘、中古のリゾートマンションを見せてもらいます。

数年前にハワイで見せてもらったロイヤルクヒオとアイランドコロニーという高層マンションは、当時、スタジオタイプ（広いワンルーム）の安い物件は12万ドル程度のものもありましたが、いまでは25万～30万ドル程度に跳ね上がってしまいました。当時、1ドル80円程度の円高でしたので、いま考えればメチャメチャ割安だったといえます。不動産だけは、**現地に行って実際に物件を見てみないと、その地、そのときの価格（時価）がわかりませんし、割安なのか割高なのかの実感も持てません**。

3年前に石垣島で見た新築中のリゾートマンションは1LDKで2100万円とそんなに高くなかったのですが、投資目的で考えると、想定される家賃が安すぎてまったく期待している利回りに届かないため、あきらめました。全室オーシャンビューでエメラルドグリーンの海が見えるものの、石垣港が目の前のため漁船が景色に入り込んでしまい、ちょっと違和感を感じました。

最初にハワイでコンドミニアムや一軒家を一緒に見た友人は、その後、不動産投資に目覚め、中古物件を仲介させてもらいましたし、新築アパートも建ててもらっています。数年前にサラリーマンをリタイアして、自分株式会社も設立しました。一緒に沖縄やサイパンによく行く友人とは、ダイビングやスキーなど趣味が同じということもあって、よく遊びますが、3年前に広大な土地にアパートを建ててもらいました。現在も次の物件を探すように依頼を受けています。ただ、程度のいい中古物件が最近出てこなくなったため、いま新築アパートを提案しています。下手に築年数の経過した物件を買うと、家賃の下落と空室と増加する修繕費で、期待した利回りにならないことも多いからです。それよりも土地から取得して、新築で10％以上の利回りが出せれば、新築のほうが安心です。

友人に損をさせるわけにはいきませんので、当然、間違いのない物件しか紹介しませんが、そうやっていると、また次の商売につながります。**不動産業は、お客さんと真剣に遊ぶのが仕事のような商売**です。

不動産業は最強のフィービジネス

独立起業を考えたときに誰もがまず考えるのは、個人で開業できる士業ではないでしょうか。弁護士や公認会計士は簡単には取れない資格ですし、サラリーマンが仕事をしながらチャレンジできるほどやさしいものではありません。そこでペーパー試験だけで簡単に取れる資格はないか考えた末に、宅地建物取引士や行政書士などを目指す方が多いのではないでしょうか。私も資格を取ろうと思ったとき、まず考えたのは、受験するのに実務経験がいらないことが条件でした。

何年もチャレンジしたくなかったので、合格率3％程度の司法書士や合格まで何年もかかる税理士はあきらめて、宅地建物取引士が最も自分に合っていると思いました。もちろん、再開発事業のコンサルタントをやっていたときに、関連分野の業務に携わっていたことも目指そうと思った理由です。

正直なところ、司法書士や行政書士の報酬基準を見ると、1件3万円程度の所有権移転や5万円程度の農地転用手続きなど、細かな報酬をコツコツ積み上げないと食べていけない仕事です。正確に書類を作成するだけの業務をパソコンに向かって黙々とやるのは、自分の性格には合わないと思いました。それよりも、**大きな金額の不動産を仲介して売買金額の3％＋6万円と消費税をもらったほうが効率はいい**に決まってます。もともとギャンブラー的な性分の自分には、ぴったりの職業だと思います（笑）。

ということで、前年はアパートや土地、住宅、区分マンションなど8件の仲介で、533万円の手数料収入がありました。とくに一生懸命物件を探したり、買主を探してきたわけでもありませんが、片手（不動産売買の仲介手数料を売主側・買主側の片方から受領すること）だけの仲介でこんなに手数料をいただけるというのは、すごい商売だと思います。

以前、弁護士事務所で訴訟の相談をした際に、訴額1000万円で着手金5％、報酬金10％といわれました。つまり合計150万円の報酬になります。

不動産業者なら5000万円ほどのアパート1棟を両手仲介（不動産売買の仲介手数料を売主側・買主側の両方から受領すること）で売買したら、手数料は336万9600円にもなりますから、やり方次第では**弁護士よりもはるかに稼げる商売**です。実は、今年5億円の物件を売りたいという情報をいただいたのですが、しばらくして売り止めになってしまいました。仲介できたらスゴイ金額の手数料だったのですが……。

楽しくリフォームして700万円の利益

大家さんをやっている方の中には、かなりのリフォームマニアがいらっしゃいます。もちろん、私もリフォームは好きです。

初めてアパートを買ったとき、なんとか退去後のリフォーム費用を安くしようと、自分でペンキを塗ったり、クロス（壁紙）の目地を補修したりしました。クロスを自分で張ったこともありますが、時間がかかる割に、職人さんのようにきれいに張れないので、クロスは自分でやらないことにしました。フロアタイルなどは、いまでもときどき自分で張っています。

保険会社時代には、水漏れや火災で被害の出た部屋の見積もりをいつも見ていたので、物件を見ただけで大体の修理費用が頭に浮かびます。どうしたら安くリフォームできるかも、現場を見ればわかります。あとはいかにセンスのいい壁紙や設備や照明器具を入れるかで、物件は見違えるようにきれいになります。

そのように**リフォームすることで、安い中古物件を仕入れて、再販で稼ぐこともできる**のです。私はネットで区分マンションを検索したり、不動産競売サイトで物件を閲覧して、再販できるものがあれば買うようにしています。最近は物件が不足しているため、滅多に買えませんが、運よく買えた物件はほぼ完璧にフルリフォームしてネットで再販しています。リフォームする範囲は、天井や壁、クローゼットの中などすべてのクロスと、床やカーペットの張り替え、畳の入れ替え、キッチン、ユニットバス、洗面化粧台、温水洗浄便座、照明器具の交換、ドアノブ、ペーパーホルダー、コンセント&スイッチプレートの交換、換気扇の交換、カーテンレールの交換……など。このくらいの範囲をリフォームして写真を撮って掲載すると、ほかの掲載物件とは格段に違いがわかります。

ただし、いつも困るのは、リフォームしているうちに、どんどん工事範囲が広がってしまうことです。壁紙がきれいになると、巾木や廻縁《まわりぶち》が汚く見えますし、新品のウォシュレットをつけると、便器やペーパーホルダーやタオル掛けまで古臭さが目立ってしまいます。その結果、どんどん工事範囲が拡大して、予算オーバーになってしまうのです。でも、売り出されている中古マンションで、これほどきれいにリフォームしている物件は少ないため、多少値段が高くてもネットでのページビューはすごく多くなります。そのうちメールでの問い合わせや電話がかかってきて、成約に至ります。

不動産競売で470万円で取得した4LDKの区分マンションには、占有者がいたため、示談の末退去いただき、250万円かけてリフォームして売り出したところ、1480万円で成約しました。不動産業は高額商品を扱いますので、安く仕入れることができれば、**最強の「せどり」**（中古品を安く買って、ほかで高く売ること）であるといえます。

不動産セドラーが最強のビジネス

ネットを通じて誰でも簡単に売ったり買ったりできる時代になりました。ご存じの方も多いと思いますが、ヤフオクやアマゾンを利用してカメラの転売で月100万円稼ぐ小林さんというすごい方もいます（小林さんのブログ　http://ameblo.jp/kamerayasan2/）。無料相談や仕入れツアーなんかも企画されていて、後進の指導までされているようです。

実は、商売の基本は、安く仕入れて高く売ることですから、「高い、高い」と宣伝しているガリバーだって、買い取り希望者から安く仕入れないと、絶対に商売になりません。そんな転売ビジネスの中で、何を隠そう不動産業が一番儲かります。先ほども不動産転売は最強の「せどり」だという話をしましたが、不動産業者である以上、これをやらないと稼げる会社にはなれません。

どうやって物件を安く仕入れるかというと、ひたすら毎日、自分の得意とする同じ地域の同じジャンルの物件を定点観測します。すると、100万円価格を下げた物件や新たに登録された物件がすぐにわかります。

とにかく、その地、そのときの価格＝時価を自分の肌で感じ取ることによって、どの物件が時価より下方向に乖離《かいり》しているかを見抜くのです。そんな物件を見つけて、さらに指値をして、できるだけ安く買います。そして仕入れた物件をうまくリフォームして商品として仕上げることができれば、より高い価格で転売することができます。

仕組みは前出のカメラの転売となんら変わりません。ただ扱うものの価格が100倍ほど違うため、カメラの転売では1件5万円の儲けが、不動産の転売では100倍の500万円になるということです。

私がいつも物件を探しているサイトは「ａｔ　ｈｏｍｅ」（http://www.athome.co.jp/）や「楽待」（http://www.rakumachi.jp/）や「健美家」（https://www.kenbiya.com/t=2/）です。このような一般顧客向けに掲載されている物件の中にも、よく見ると500万円くらいの利益が出る物件があるというのは、驚きなのではないでしょうか。私が「ａｔ　ｈｏｍｅ」を通じて700万円で取得した区分マンションは、300万円をかけてリフォームしたあとに1480万円で販売できました。注意して見ていると、不動産販売サイトにはときどき大金が落ちています。

欲しいものがあると、**ネットサーフィンをして探しているときが一番楽しい**とおっしゃる方も多いと思います。いろいろなショップのいろいろな商品を次々見ていると、時間のたつのも忘れてしまいます。そんな感覚で**不動産関連サイトを毎日楽しく見ているだけで商売につながる**のです。

ネットの普及で不動産業も随分やりやすくなったと思います。もちろん、中古品を売買する場合は古物商の免許がいりますし、不動産を転売目的で反復継続して売買する場合は宅建業の免許が必要ですので、ご注意を……。

第8章

小さくても いい会社を つくろう

安定収入を確保することがいい会社の条件

ストックビジネスを持つことが会社の収益を安定させるという話を第6章でしましたが、以前私が勤めていた再開発事業のコンサルタント会社が倒産したのは、これを持っていなかったからです。

北は北海道から南は九州まで全国10カ所くらいで再開発事業を進めていました。主な収入は再開発事業が完成したときにいただくコンサルフィーです。1カ所当たりの総事業費は100億円以上にもなるため、完成したあかつきには2～3％の成功報酬をもらえますが、途中で頓挫《とんざ》した場合はまったく報酬がもらえないことも多いのです。

まさに一か八かのギャンブルみたいな仕事です。事業がうまく進んで全国で何カ所も事業化に至れば、すごい収入が入ってきます。調子のいいときは、社員全員の食事代もすべて会社負担で香港旅行に連れていってもらいました。社長は豪快な方でしたので、お抱え運転手付きのロールスロイスに乗って、当時、大阪から銀座のクラブまで飲みに行く始末です。社長の広い家には、人工の大きな崖がつくられ、滝が流れていました。

どんな仕事でも金回りのよいときもあれば悪いときもあります。よいときにはしっかりお金を残しておくか、将来への投資をしておくべきだと思います。

もし社長が、収入が不安定だから、再開発で分譲する店舗やマンションを買ってレンタルしておこうと考えていたら、ストック収入を確保でき、倒産には至らなかったのではないかと思います。

バブルの頃やリーマン・ショック後に、マルコーやゼファーなどのマンション分譲業者が次々に倒産しましたが、これもフロービジネスだけに頼っていたからです。同じマンション分譲業者でもアパグループ総帥の元谷外志雄《もとやとしお》氏は、分譲マンション販売で得た利益をホテル事業に投資して、バブルの頃から快進撃を続けています。稼働率さえよければホテルほど利回りのいい収益物件はありません。さすがに社長は元信金マンだけあって、ストック収入の大切さをよくご存じなのだと思います。

フローとストックの複数の収入源を持つ企業は最強だといえます。

先日、取引している地銀の担当者さんが訪ねてこられて、ストック収入を伸ばすことの大切さを切々と説いていかれました。銀行でさえ、借り手であるわれわれがせっせと働いて毎月金利と元金を返しているから、膨大な利益を計上できるわけです。でも最近は、投資信託を売ったり、保険を売ったり、いろいろフロービジネスもやらされて大変なようですが……。

複数の収入源を持つことの重要性

会社経営している方と話していると、複数の収入源を持つことの重要性をよく指摘されます。知人の社長は、大型ビルの空調機のメンテナンスやダクト掃除がメインの仕事ですが、ほかにも関連する事業として排水管の洗浄や家庭用エアコンの設置などもやっています。最近は保険会社からの依頼で、自動車事故に伴うブロック塀や建物の破損、ガードレールや信号機、道路標識の修理も手掛けています。ほかにも破産物件の残置物処理や建物の解体工事など、業務範囲は多岐にわたります。

なぜこんなにも仕事の範囲を広げるのかというと、儲かる商売というのは、すぐに他業者の参入で価格競争にさらされるため、長続きしないからです。**儲かっているうちにいろいろな仕事にチャレンジして、次の収益源を確保しておく**のだそうです。

つまり、仕事がじり貧になったときのリスクヘッジを常に考えているわけです。その方の会社に行くと、なぜか竹久夢二などの有名な絵画がたくさんあるのですが、これも残置物を処分したときに出てきた戦利品だそうです。古物商の免許もお持ちなので、収入源はどんどん増えていくようです。

ちなみに私の場合も、アパートや区分マンションの家賃収入が一番の収入源ですが、ほかにも本からの印税収入もありますし、区分マンションなどをリフォームして販売した場合の売却益もあります。そのほかにも、新築アパートのコンサル収入や不動産仲介手数料、CDの売り上げまで含めると、6種類の収入があります。**できるだけ多くの収入源を持つことが会社の安定経営につながります**。

サラリーマンをリタイアして起業した場合に、銀行融資が受けられなくなるのではないかと心配される方が多いですが、ある程度の事業規模にまでなっていれば、そんなに心配はないと思います。これまであったサラリーマン収入がなくなって収入源が唯一本業だけになると、銀行の評価も厳しくなると思いますが、できるだけ早い段階で複数の収入源を確保しておけば、安心して貸してもらえるのではないでしょうか。

一番困るのは、不動産投資などのストックビジネスでリタイアを果たしたあとに、ほかのことは何もしないで遊んでいる人です。こんな人は次に融資を受けようと思っても断られますし、過去に高い金利で借りたローンを借り換えようと思っても、相手にしてもらえません。たとえ本業が好調でうまくいっていたとしても、それだけでは不十分です。ストックとフロービジネス両方を持っていると、銀行からの信頼を得やすくなると思います。

原価率が低い業種を選ぶのがコツ

せっかく起業して独立し、会社までつくるなら、儲かる商売がいいに決まっています。儲かる商売と聞いて、飲食業を思い浮かべた方も多いのではないでしょうか。確かに飲食業の原価率は、業種によりますが、30%くらいが平均かと思います。売り上げの7割が粗利ということですから、行列のできるお店なら、あっという間に投下した設備資金を回収できます。うまくいけば、すぐに2号店、3号店と多店舗展開できるかもしれません。

ただし、当たりはずれや浮き沈みの激しいのがこの業界です。初めは物珍しくて行列ができていても、あっという間に閑古鳥が鳴いている店もよく見かけます。内装にかかる費用も大きすぎるため、サラリーマンがやるにはリスクが高い業種です。

簡単に独立できそうな業種として、コンビニを思い浮かべるかもしれません。セブン-イレブンやローソンなどが、出店予定地によくオーナー募集の看板を出していますが、小売業ほど原価率の高い商売はありません。ものによりますが、60~80%が原価だといわれていますので、単価100~200円程度の商品が多いと、相当数を売らないと儲からないはずです。せっかくサラリーマンを辞めてコンビニオーナーになったとしても、これではサラリーマンのほうがよかったということになりかねません。

また、コンビニは24時間営業のお店が多いため、家族やアルバイトを雇わないと店が回りません。バイトが休んだら、オーナー自らレジに立つことになります。下手をすると、2交代、3交代勤務をやっているのと変わらない状態に陥ります。

これに対して、最強のビジネスとして前章でも紹介した不動産業者や士業などは、仕入れがありませんし、自宅でやっている場合は**原価率はほとんどゼロみたいなもの**です。私が加入している不動産協会の年会費は6万円かかりますが、あとは法務局で登記簿謄本を取得する際にかかる1通600円の費用くらいしかかかりません。年間1000万円の粗利を得るには、ほぼ1000万円を売り上げれば達成できてしまいます。

原価率ほぼゼロで自宅でも開業できるコンサルタントや士業は、小さくてもいい会社を目指す人にはぴったりの職業だと思います。

自分株式会社の粗利目標は2000万円

以前、再開発事業のコンサルタントをしていたとき、建築した再開発ビルにデパートや専門店を誘致する仕事をしていました。その際、1坪2万~3万円もの家賃を支払えるテナントは自ずと限られてきました。小売業でも従業員1人当たりの年間売り上げが

2500万円以上あって、1坪当たり年間売り上げが500万円程度ある業種に絞られてきます。その結果、駅前の再開発ビルに入っているテナントは靴屋さんだったり、バッグを扱う店だったり、ブティックやジュエリーショップになり、どこの駅前にもファッションビルがオープンしました。これらの業種は売り上げもさることながら、儲かる業種だから高額なテナント料を支払うことが可能なのだと思います。

保険会社時代に、社長はいつも保険料収入でトップの会社に追いつけ追い越せとばかりいっていました。正直、私は「こいつらバカじゃないの?」と思っていました（笑）。売り上げベースで瞬間的にトップになったとしても、しっかり営業利益を出していなければ、経常利益や1株利益は見劣りします。配当も低い額しか出せませんし、利益剰余金も積み上がりません。そんなことは、誰が見たって明らかです。

売り上げだけ膨らんでいても、中身の伴っていない会社とみなされてしまいます。なぜ売上高に対する経常利益率や1株当たり利益で勝とうといわないのでしょうか。

上場している大企業においても、決算書の売上総利益（粗利）を従業員数で割ると、1人当たりの粗利益が見えてきます。もちろんパートやアルバイトの人数も加味しないと正確には出ませんが、大企業ではだいたい1人の粗利が1000万～1500万円程度までの企業が多いようです。会社の規模が大きくなるほど、総務や人事、経理などの間接人員も増えますので、必然的に効率は悪くなります。中には、やる気のない社員もいますし、病欠ばかりしている社員もいます。

一方、自分株式会社では、社長1人ですから、大企業の社員を上回る粗利を上げておけば優秀な会社といえます。原価のかからない商売をしながら、当面は**社長1人で2000万円の粗利を上げられたら、小さくてもいい会社**といえるのではないでしょうか。

自己資本比率を早期に上昇させる

私の周囲には、アパート・マンション経営で独立起業をされる方が多いです。その中には、ひところ流行ったフルローン（購入物件価額相当額の借り入れをすること）やオーバーローン（手数料等も含めて物件価額を超える額の借り入れをすること）で物件を買い進めた方も少なからずいます。

フルローンやオーバーローンのよいところは、手元自己資金が減らないため、自己資金を見せるだけでほぼ丸々融資してもらえることです。ただこれは、人のふんどしで相撲をとっているようなもので、貸借対照表を見ると、左側には資産がたくさんありますが、右側には長期の借金しかないことになります。しかも、毎月の収入から返済額を引いて、できるだけキャッシュフローが残るように、返済期間を30年もの長期にすることがほとんどです。

銀行も平気でこんなことを許すものですから、いつまでたっても元金の返済が進まず、自己資本比率（返済不要の資本÷総資本（自己資本＋他人資本））も低いままです。しかも、ほとんどの銀行は元利均等返済で融資していますので、最初は銀行に金利ばかり支払っている状態が続きます。多分10年ぐらいあとになって、相当長期にわたって返済したはずなのに一向に元金が減らないことに気づくはずです。

キャッシュフローを先取りして食いつぶしていると、自己資本比率は一向に上昇してきません。自己資本比率が低いと、他人資本の影響を受けやすい不安定な会社になり、そのうち銀行も融資を控えるようになってしまい、資金調達が難しくなってくるでしょう。

どこの銀行も、収益物件に対する融資には3割程度の自己資金を求めてきます。最初からレバレッジをかけすぎると、あとで苦労することになります。私は中古アパートを買い始めた際に、**自己資金は常に3割程度入れる**ことを心がけてきました。新築アパートを建てるときも、少なくとも土地代は自己資金で購入するようにしています。返済もできるだけ短くして、すべて元金均等返済にしました。

銀行から見て取引したい会社になるように、将来的には自己資本比率40％を目指したいと思っています。

銀行も最近はアベノミクスで景気がよくなってきたにもかかわらず、貸出先がないものですから、私の自宅兼事務所に盛んに営業に来られます。支店エリア内のアパート所有者の謄本を閲覧してきて「借り換えの提案と新築の計画がありましたら、ぜひ当行でお願いします」ということなのですが、晴れた日に無理やり傘を貸してくれる銀行員には要注意です。知り合いの業者さんいわく「バブルの頃調子に乗って『ハイハイ』と借りていたら130億円まで借りたところで、バブルがはじけて貸しはがしにあった」そうです。自分

株式会社は決して規模ではありません。小さくてもいい会社を目指すべきです。

目指すは無借金経営

日本の上場企業の5割以上が実質無借金経営だといわれています。実質無借金という意味は、現金や預貯金、短期保有目的の有価証券を合計した手元資金が、短期借入金と長期借入金などの有利子負債を超えている状態をいいます。つまり、返そうと思えば、いつでも借金全額を返してしまえるくらい手元流動性が高くなっていることを意味します。

バブル崩壊後、投資や配当金を抑えて企業体質を強化すべく、内部留保を積み上げてきました。その後もリーマン・ショックが起こったことで、企業はお金を投資に回すことに慎重にならざるをえませんでした。ところが、上場企業は現在ROEを高めることを株主から迫られています。外国人投資家が増えたため、貯め込んだお金が有効活用されていないことに批判が浴びせられています。日本の上場企業は海外に比べてROEが著しく低いため、仕方なく配当の増配や自社株買いなどの株主還元に踏み切る企業が増えてきました。

本来なら、無借金経営やキャッシュリッチ企業を目指すのは、経営の健全性が増大し、倒産のリスクも減りますので、いいことです。上場していないのであれば、なんのためらいもなく実質無借金を目指すべきです。

自分株式会社では規模の拡大はまったく目指していませんので、石橋を何度も叩いてそれでも渡らないくらいがちょうどいいと思います。自分や家族が**ちょっと余裕のある生活をできる程度の役員報酬が取れれば、それでいい**のです。日本の税制を考えれば、1000万円以上の役員報酬をもらっても、個人の所得税が累進で増えるだけです。

利益剰余金をコツコツ積み上げて身の丈にあった投資や事業拡大にとどめ、借り入れに頼った大きな投資をしないことです。おもしろ味やスリルは決してないかもしれませんが、会社を細く長く続けて、子供たちに相続税をそんなに多く支払わなくてもいいくらいの資産を残せたらいいのではないでしょうか。

何かしら事業をやっていると、濡れ手で粟をつかむような話がたくさん持ち込まれてきます。でも、**頼んでもいないのに向こうからやってくる話はたいていマユツバもの**です。

また、会社で借り入れすると、ほとんどのケースで個人保証をとられていると思いますので、借金は早く返すに越したことはありません。ちなみに、私は個人でもアパートを所有しているのですが、個人の分は何年か前に実質無借金が実現しました。会社でもアパートを所有しているため、会社の分まで実質無借金になるのはまだまだ先ですが、最悪、会社で何かあったときには、個人から充当できるようにしておきたいと思います。

会社の資産は売却しやすいものしか持たない

私が独立を考えたときにまず買ったのは、築10年の木造アパートでした。できるだけ新しいもののほうが末永く所有できると思っていたので、**築年数にはこだわりました**。

次にこだわったのは、利回りです。毎月キャッシュフローがたくさん残る物件じゃないと意味がないので、**表面利回りは15%以上を条件**に探しました。

また、いざというときに売りやすい規模じゃないと困るので、**規模にもこだわりました**。サラリーマンが融資を受けて買える程度の大きさや金額にしました。当時の国民生活金融公庫（現・日本政策金融公庫）の新規開業の場合の融資枠4800万円を目安にして、4950万円で最初のアパートを取得しました。

その後も、売るときのことを考えて、築12年の中古アパートを1400万円で取得しました。

常に築年数の新しい物件にこだわるのは、古くなると修繕費が加速度的に増えてくるからです。これらの中古物件は買ってから6年後と9年後に、キャピタルゲインをとって売却しました。**資産は持ち続けるものではなく、効率のいいものに常に変えていくべき**だと思います。

3棟目からは、木造で新築アパートばかりを建てています。新築であれば、当面、家賃の下落もありませんし、10年程度は空室をそんなに心配することもありません。木造にこだわるのは、固定資産税が安いことやランニングコストが低いという理由からです。新築にこだわるのは、常に売却しやすいものしか持たないというポリシーとリスクを最小限に抑えることを念頭に置いているからです。

現在、都会の投資家さんが、地方の築20～30年経過した1億円以上の物件を4・5％もの高い金利で借りて買っていきますが、運営に行き詰まらないことを祈るばかりです。いまは銀行がサラリーマンにも平気で1億円を超える融資をしてくれます。1億円といえば、サラリーマンの生涯年収の半分ほどに相当する額です。そんな大金を高金利で借りて20年以上も経過した物件につぎ込んで、はたしてうまくいくのでしょうか。

いまは銀行がどんどん貸してくれていますが、銀行は晴れた日に傘を差し出し、雨の日に傘を取り上げるのが常です。景気が上向いているときはいいですが、再び景気が悪くなったら、1億円以上もする物件は誰も買える人がいなくなるのではないでしょうか。

資産を持つ場合は、**売りやすい規模のものを選ぶこと**、**誰もが欲しがる物件を手元に置いておくこと**、これがいい会社の条件だと思います。

リスクマネジメントを怠らないことがいい会社の条件

仕事を続けていると、いろいろなリスクが降ってきます。私は2棟目のアパートを取得して喜んでいたのもつかの間、取得した年の秋に大きな台風によって河川が溢れ、アパートの1階が水浸しになりました。床上30㎝くらいのところまで水に浸かり、部屋じゅう泥だらけになってしまいました。

このアパートは大きな河川の土手の下にあったので、当然、水害は予測すべきでしたが、そんなことはまったく気にせず全労済の火災共済に加入していたのです。全労済は掛け金が民間損保の3分の1程度でしたので、風水害のときは共済金が出ないけど、まあいいかという軽い気持ちで選んでいました。

1階4戸、2階4戸のうち、1階の4部屋が退去してしまい、いきなり家賃収入が半分になってしまったのです。100万円以上の修理費がかかるのに保険も下りません。仕方がないので、床上90㎝のところまで下地のボードや巾木などすべてやり替えてクロスを張り、床はフローリングの上からクッションフロアを張って、リフォームは最小限の費用に抑えました。それでも4戸で100万円の出費です。

このとき自然災害の脅威を痛いほど見せつけられたので、すぐに民間の損保に切り替えました。

収益用不動産を所有していると、入居者さんや近隣住民などから損害賠償請求を受けるケースや、自分が業務遂行中に生じた事故によって賠償請求を受けるケースが想定されます。私の所有するアパートでも、屋根から雪が落下して車の屋根などが2回つぶれました。給水管からの漏水で、入居者さんの衣類や家電製品が使えなくなったこともあります。こんなときには**施設賠償責任保険**に入っていてよかったとつくづく思います。施設賠償責任保険では、ほかにも「仕事中に自転車で他人をケガさせてしまった！」なんていうケースも対象になりますので、絶対に加入しておくべき保険です。

弁護士さんや税理士さん、司法書士さんなどの専門業務をやっている方には、**専門職業人向け賠償責任保険**というものがあります。それぞれ弁護士賠償責任保険や税理士賠償責任保険という具合に販売されていますので、士業を職業にされている場合でも絶対に賠償保険は加入しておくべきです。

私は宅建業者として登録したときから、**宅建業者賠償責任保険**に毎年必ず加入しています。いつ自分の過失で売買当事者に多大な損失を与えるかわかりませんので、これらの専門職業人向け賠償責任保険に入ってリスクヘッジすることを怠らないことだと思います。ちなみに、私が会社で加入している宅建業者賠償責任保険は、年間保険料がたったの5000円です。

飲食業やリフォーム業者さんなどには、**PL保険（生産物賠償責任保険）**という保険があります。加入されている方も多いと思いますが、魚屋さんや焼き肉屋さんなど、食べ物を扱う業種では食中毒の可能性が常につきまといます。万が一、食中毒が発生した場合は、一度に大勢の方が入院したり、仕事を休んだりして大きな損害になることがあります。２０１１年に起きた「焼肉酒家えびす」の食中毒事件では、５人の方が亡くなり、総勢１８１人もの方に被害が及びました。この事件でＰＬ保険に加入していれば、治療費や慰謝料、休業損害などすべて保険で賄うこともできたはずです。

配管工事業者さんや電気工事業者さん、あるいはハウスメーカーさんなど、なんらかの工事をされる業者さんや、工場で部品や商品をつくっているような、何かを生産されている業者さんにも、この保険は必須です。

配管業者さんの場合は、漏水によって階下や建物に被害を与えることはよくありますし、電気工事屋さんも漏電で家が燃えてしまったなんて事故も起きます。電化製品が火を噴いたため、火事になった例もありますので、生産物賠償責任保険はすべての生産物を製造・販売している業者さんがぜひとも入っておくべき保険だと思います。商工会議所でも中小企業ＰＬ保険という保険を扱っています。独立起業する際には、たとえ社長１人の会社であっても、可能な限りリスクを軽減して臨むべきです。

足るを知る経営が大事

会社の売り上げが順調に伸びていくと、多くの経営者は事業を拡大しようとします。金回りがよくなると、いろいろな商売や投資の話がやってきます。たぶん銀行さんも、保険や投資信託、収益物件などをすすめてくるはずです。きっと証券会社の営業マンもやって来て「いま口座をつくってもらえたら、新規公開株をお渡しできます」なんて甘い言葉で誘惑してきます。

事業の拡大というときに、まず考えるのは、**1人でできる範囲にする**ことです。そうすれば自ずと決まってきます。それを超えない範囲にとどめておくのが一番楽だと思います。他人を雇うことのリスクは何度も説明しましたが、毎月必ず出ていく大きな固定費を抱えないことです。粗利で2000万円もあれば、自分に年間1000万円程度の役員報酬を余裕で支払えるはずです。生活していくには十分な給料のはずですから、余計なことはしないことだと思います。

銀行さんとのおつき合いは悩ましいところですが、すすめられるたびに保険や投資信託を買っていたのでは大変なことになってしまいます。私は「保険会社にいたので……」ということで、できるだけお断りすることにしていますが、おつき合いで年金だけは入りました。どうせ公的年金だけでは足りませんので、本当に必要なものだけを選ぶことが大切です。

投資信託については、これまでさんざん株式投資をやってきたため、自分で運用しないと気がすまなくなっているので、お断りしています。

自分株式会社を設立して、節税に心がけていると、会社で儲けた利益が個人に移転します。個人の通帳にお金がどんどん積み上がっていきます。これを見て、愚かな経営者はすぐに立派な家を建てたり、外車を買ったりしてしまいます。急に生活が派手になり、愛人をつくって貢いでしまうのが常です。

実は、**個人に集まってきたお金は、もともと会社に利益剰余金として積み上げておくべきもの**なのです。税金を払うのがもったいないため、あえて個人に移転させたのにすぎません。それを散財して使ってしまうと、会社にも個人にもお金がない状態になってしまいます。会社に急にお金が必要となったときに、いつでも会社に貸し付けできるように、**個人に積み上がったお金はすぐに使ってはいけない**のです。

サラリーマンの平均年収は414万円だというお話をしましたが、その2～3倍もの役員報酬をもらっているのですから、おいしいものを好きに食べられますし、海外旅行だって好きに行けるはずです。それだけでサラリーマン時代と比べれば、何倍も幸せだと思います。自分株式会社を小さくても儲かるいい会社にするには、**足るを知る経営が大切**だといえます。

おわりに

最後までお読みいただきまして、ありがとうございました。早いもので、私がサラリーマンを48歳でリタイアして、もう10年になります。いままでの人生を振り返って、何が一番つらかったかというと、やはり前職の保険会社時代です。

父のやっていた工務店が倒産して、自宅が他人の手に渡ったこともありましたが、それよりも保険会社時代のほうがはるかにつらい日々でした。いつ終わるともわからない業務量と長時間労働に精神を完全に蝕まれてしまいました。一刻も早くここから逃げ出したいという気持ちが、私を独立起業へと駆り立てました。

ちょうど子供にお金がかかる時期でしたので、当時の年収８００万円をサラリーマンをしながらクリアできる商売は何かと考えたとき、思いついたのはアパート経営しかありませんでした。結婚して家族もある状況で安全にサラリーマンをリタイアするには、ストック型ビジネスを拡大していくのが一番です。

不動産であれば、銀行融資を受けてレバレッジを利かせることができますから、拡大していく段階では加速度がつきます。アパートから入ってくるキャッシュフローを貯めておけば、次の物件の自己資金がすぐにできます。これを繰り返していった結果、私は4年6カ月で奴隷労働のような日々から解放されました。

独立起業して売り上げや収入が順調に伸びてくると、必ず税金の壁にぶつかります。個人はご承知のとおり累進課税になっていますから、そのうち誰のために働いているのかわからなくなってきます。そこで自分株式会社を設立し、自分に給料を支払って給与所得控除を利用して節税を図るのですが、それでも頑張り続けると、税金は増えてきます。

事業意欲の強い方はもちろん社員を雇って会社をドンドン大きくして、社会に貢献していただきたいと思いますが、会社が大きくなることによって、無駄な経費も増えて効率も悪くなります。必然的に1人でやっていたときよりも1人当たりの粗利率が低下するはずです。

経営者の方にお聞きすると、みなさん、1人で自宅でやっていたときが一番儲かったと口を揃えておっしゃいます。もしそうであれば、無理に会社を大きくすることなく、1人でできる範囲の仕事を好きなようにやっていくほうが効率もよくて楽しいのではないでしょうか。

日本の税制は明らかに個人よりも法人に有利な制度になっています。しかも資本金1000万円以下の法人に手厚い制度になっています。自分株式会社はここをフルに利用して、思いっきり人生を楽しむための1人法人です。

現在、私たちはこんなに経済的に豊かで、しかも世界でも類を見ない安全な国に偶然にも住んでいます。ビジネスのチャンスや起業に対する融資制度も整っています。そんな恵まれた環境にあって、自分の好きなことをする人が圧倒的に少ないのは、本当に残念に思います。ぜひサラリーマンの方も一生他人のために働くのではなく、自分株式会社を設立して、自分のために楽しく働く生き方にチャレンジしてください。

あなたは毎日何にチャレンジしていますか？

チャレンジしない人生ほど、むなしい人生はないと思います。

※本書に記載された内容は2015年7月31日時点の情報に基づくものです。税金実務に関する詳しい内容や具体的な案件については、税理士や税務当局等へお問い合わせください。

参考文献

山本憲明『社長は会社を「大きく」するな！』（ダイヤモンド社）

岩松正記『フリーランス、個人事業、副業サラリーマンのための「個人か？ 会社か？」から申告・節税まで、「ソン・トク」の本音ぶっちゃけます。』（ダイヤモンド社）

本田浩子『自宅は会社に買ってもらえ！』（東洋経済新報社）

甲斐莊正晃『女子高生ちえの社長日記』（プレジデント社）

GTAC『法人保険で実現する究極の税金対策』（幻冬舎メディアコンサルティング）

木村政雄監修『プロに訊け！』（丸善）

山口真導『起業5年目までに知らないとコワイ資金繰りのキホン』（すばる舎リンケージ）

鹿谷哲也『アパマンも法人経営の時代です！』（新評論）

成田仁『プライベートカンパニーを活用して、不動産投資をしよう！』（クロスメディア・パブリッシング）

落合孝裕『「会社の税金」「社長の税金」まだまだあなたは払い過ぎ！』（フォレスト出版）

岡本吏郎『会社にお金が残らない本当の理由』（フォレスト出版）

井上修『個人事業・自由業者のための会社をつくるメリット・デメリット　本当のところズバリ！』（すばる舎）
阿藤芳明『相続財産は法人化で残しなさい』（幻冬舎メディアコンサルティング）
本田健『子どもに教えたい「お金の知恵」』（ＰＨＰ研究所）
大久保栄吾『相続貧乏にならないために子が知っておくべき50のこと』（幻冬舎メディアコンサルティング）
中小企業を応援する会計事務所の会『社長の節税と資産づくりがぜんぶわかる本』（あさ出版）
山本信幸『「キャバクラ」の経済学』（インデックスコミュニケーションズ）
橘玲『貧乏はお金持ち』（講談社）

［著者］

吉川英一（よしかわ・えいいち）

1957年生まれ。富山県在住の個人投資家。年収360万円から低位株投資で資金を貯めて、アパート経営を開始。株と不動産で増やした資産は約2億円超。マネー誌などで指南役として活躍中。著書に『年収360万円から資産1億3000万円を築く法』『低位株で株倍々！』『不動産投資で資産倍々!会社バイバイ♪』『低位株必勝ガイド』『億万長者より手取り1000万円が一番幸せ!!』『一生お金に困らない個人投資家という生き方』（以上、ダイヤモンド社）、『一生好きなことをして暮らすための「不労所得」のつくり方』（光文社新書）などがある。

サラリーマンこそ自分株式会社をつくりなさい
——1000万円生活を謳歌する

2015年9月17日　第1刷発行

著者————吉川英一
発行所————ダイヤモンド社
〒150-8409　東京都渋谷区神宮前 6-12-17
http://www.diamond.co.jp/
電話／03·5778·7234（編集）03·5778·7240（販売）
ブックデザイン——Malpu Design（渡邉雄哉）
DTP————荒川典久
製作進行————ダイヤモンド・グラフィック社
印刷————堀内印刷所（本文）・慶昌堂印刷（カバー）
製本————川島製本所
編集担当————田口昌輝

ISBN978-4-478-06744-4